U0572406

如何培养小学生的
高效学习态度

蔡万刚◎著

辽宁人民出版社

Ⓒ 蔡万刚　　2018

图书在版编目（CIP）数据

如何培养小学生的高效学习态度 / 蔡万刚著 . —沈阳：
辽宁人民出版社，2018.12
ISBN 978-7-205-09507-9

Ⅰ . ①如… Ⅱ . ①蔡… Ⅲ . ①小学生—学习方法—家
庭教育 Ⅳ . ① G622.46 ② G782

中国版本图书馆 CIP 数据核字（2018）第 275089 号

出版发行：辽宁人民出版社
　　　　　地址：沈阳市和平区十一纬路 25 号　邮编：110003
　　　　　电话：024-23284321（邮　购）024-23284324（发行部）
　　　　　传真：024-23284191（发行部）024-23284304（办公室）
　　　　　http://www.lnpph.com.cn
印　　刷：天津中印联印务有限公司
幅面尺寸：170mm × 240mm
印　张：16
字　　数：208 千字
出版时间：2018 年 12 月第 1 版
印刷时间：2018 年 12 月第 1 次印刷
责任编辑：高　丹
封面设计：末末美书
版式设计：新视点
责任校对：马　莹
书　号：ISBN 978-7-205-09507-9

定　　价：39.80 元

序 言

哇！学习原来一点也不难

——优秀小学生的高效学习态度

假如幸福在远方，那么，通往远方的路只有一条，那就是学习。

今天，在通往远方的路上挤满了孩子。其实，好多孩子并非自愿去前进，而是受了父母和老师的"强迫"。他们不是在自主创造幸福，而是被大人们推着，麻木地，一步一步地走着。

我接手现在的班级之前，我们班是学校有名的"偏科班"。什么意思呢？就是说班主任负责哪门功课的教学任务，这个班这门功课的成绩就比其他功课的成绩好很多。在我接手之前，班主任陈老师负责的是语文教学任务，所以这个班的语文成绩很好，在全校是出了名的。

四年级的时候，陈老师工作调动，由我接过接力棒，继续带领孩子们前进。不久，我就发现了这个班级的问题。

我本人有个习惯，在批改孩子们的作业时，彻底弃用那刺目的大红×。如果孩子的作业有错误，我会用重点号标注出来，然后在旁边写上"你还需要继续努力"；如果孩子的作业完成得很准确、很工整、很漂亮，我则会写上"你很优秀，老师很高兴"。因为我教的是数学，所以数学成绩好的孩子受到的表扬自然多一点。这样一来，孩子们开始对数学"情有独钟"了，为了让老师在作业本上多写几个"优秀"，为了得到老师的夸奖，他们真的很努力。

然而，期中考试的时候，他们的数学成绩是提高了很多，可原本引以为傲的语文成绩下落了一大截！

当我发现这个问题以后，真是喜忧参半。喜的是，孩子们喜欢我，喜欢我的课；忧的是，这显然是不利于孩子们发展的。再者，难道这就是孩子们的学习目的吗？孩子们是为了博得我的好感在学习！

这是任何一个合格的教育工作者都不愿意看到的事情！

为了解决这个问题，我特意安排了一下午时间召开了一次主题班会，班会的主题就是"你在为谁学习"。

孩子们思考着，探讨着。很多孩子表示，是为了老师高兴；也有为数不少的孩子说，是为了让爸爸妈妈满意；当然也有一些孩子认为，为别人学习是不对的，但真的很少。

最后，我真挚地告诉他们："老师会因为你们把我教的功课学好而高兴，但你们辜负了其他老师的努力，我同样苦恼。你们来这里学习的目的不是取悦老师，而是让自己成才。同样，父母会因为你们取得好成绩而满意，但是，他们送你们来读书的目的，也是让你们拥有更好的未来，你们只有为自己努力，他们才会真正感到高兴。"

这次班会以后，孩子们逐渐改变了学习态度，他们的目标更明确了，劲头也上来了。期末考试的时候，我们班终于摘掉了"偏科班"的帽子，综合成绩名列全校第一！

说这些是什么意思呢？就是希望家长和孩子们都能够意识到：所有事业的成败，首先都是态度问题，孩子们的学习事业也不例外。

学习态度的重要性，毫不夸张地说，怎么重视都不为过。作为一名教育工作者，通过这么多年的工作总结，我可以很负责任地说：

失败的学习者，主要失败于态度，甚至，完全失败于态度。因为，学习者的进步，是有个人意义的，与其学习态度有最直接的关系。孩子们只有具备了良好的学习态度，才能拥有清晰明朗的学习目标，才能不骄不躁，不倦不怠，遭遇低谷不自弃，取得佳绩不得意，才能一往无前，不遗余力。

对于孩子们来说，养成一个良好的学习态度，很是关键。这是我，一名教育工作者，对家长和孩子们最真挚的建议。

本书可以说是我从事多年教师工作的心得与总结，里面囊括了我对家长和孩子们的提醒、忠告、建议，以及爱。如果它能给孩子们带来决定性的帮助，那将是我最大的殊荣。

目 录

孩子，究竟是在为谁读书？

没有正确的态度，就没有饱满的热情。

如果孩子认为是在为父母而学，父母稍不留神，他就会伺机偷懒；如果孩子认为是在为老师而学，他就会偏科严重。他们找不到真正的学习动力，便不能学业有成。所以我们必须为孩子树立"为自己而学"的态度，将"要我学"变成"我要学"，如此，孩子才能从学习中找到乐趣，建立动力，走向未来。

为什么，孩子总觉得在为父母学习？

前些天，一个学生的母亲和我打了一个多小时的电话，详细地叙述了这名学生所存在的一些问题，这让我感到非常吃惊。这名学生叫小蒙，在班上担任学习委员，是个品学兼优的男孩，前阵子参加小学奥林匹克数学竞赛还拿了奖。

小蒙的母亲这次和我打电话主要讲了两件事情。

第一件事，是小蒙一直想要一台智能手机。从家庭硬件条件来说，小蒙的父亲是工程师，母亲是公务员，家庭条件算是相当不错的，买一台智能手机不会对家庭经济造成负担。但是，小蒙的父母一直担心，过早地买智能手机给他，可能会让他沉迷于玩手机而荒废学业。

第二件事，是小蒙对学习的认识出现了一些问题。事情的导火索同样还是智能手机，由于小蒙再三要求必须要买智能手机，最后小蒙的父亲做出了让步：期末考试小蒙能考入年级前十名就买，但价格要控制在两千块以内。结果，小蒙不同意，开始和父母大吵大闹，非要买苹果最新出的智能手机，甚至还威胁父母，要是不给买，考试就交白卷，以后也不好好学习。听到这话，小蒙的母亲怒不可遍，给了小蒙一巴掌，冲他吼道："你读书是为了谁？你难道是为了我们读的吗？自己好好想想去！"最终，谈话不欢而散。

据我了解，小蒙的父母是属于那种比较开明的父母，平时很多事情也都比较尊重孩子的意愿。比如小蒙参加的一些兴趣班，包括钢琴培训班、跆拳道培训班等，都是小蒙自己主动提出想要学习的。包括寒暑假期间的安排，小蒙父母也都会征求小蒙的意见。但这一次的冲突却让小蒙的母亲感到很担忧，她不知道该怎么样才能让小蒙明白，他学习不是为了父母，他成绩的好坏也不该是用来和父母谈条件的筹码。

小蒙的问题其实很多孩子都存在。大部分的孩子估计都对父母说过类似"只要我考到多少分你就给我买什么"或者"只要我能进多少名你就答应我什么条件"的话。而大部分的父母估计也都对孩子说过诸如"进步多少名就给你买什么"或者"考到多少分就带你去哪里玩"之类的话。就像小蒙，从他父亲做出让步，提出只要考到年级前十名就给买智能手机这件事情就能看出，为了激励小蒙学习，父母没少用"物质奖励"这一措施。

坦白来说，对于物质奖励这件事情我是没有异议的，斯金纳所提出的强化理论应用到教育上确实有着极大价值。但在学习这件事情上，过分强调物质奖励，则往往可能给孩子造成一种认识上的误区，让他们把学习成绩当作满足自己要求的条件和与父母讨价还价的筹码。

很多孩子大概都从父母或老师口中听到过这样的话："你读书不是为了我们，是为了你自己。"但很多孩子实际上都没有认真思考过这个问题，否则"班主任从后门露出的脸"也就不会成为众多人津津乐道的"校园恐怖故事"了。

很多父母对孩子的学习都寄予了厚望，孩子考试考得好，父母比孩子还高兴，孩子学习成绩下降，父母比孩子还着急。结果，成绩的好坏无形之中变成了父母脸上的晴雨表，这让孩子怎么去相信"学习是为自己而不是为父母"这件事呢？父母关心孩子的学习是理所当然的，但如果过分地将学习成绩当作评价孩子的唯一标准，那学习这件事也就变得不再单纯和快乐了，要么学习会成为孩子向父母讨价还价的筹码，要么学习会成为孩子痛恨的对象，这两种结局显然都是教育的极大失败。

我想无论是父母还是孩子，都应该明确，在生活中哪些是孩子应该承担的事情，哪些是父母应该承担的事情。作为父母，要懂得控制自己想要包办孩子一切事情的愿望和冲动，而作为孩子，则要学会如何把自己应该承担的事情做好，无论是按时起床、睡觉，还是上学、写作业、整理房间等。

在课余时间，我和小蒙进行了一番谈话，重点讲了三件事情。

第一，每个人生活在这个世界上，都有必须要承担的事情。比如警察要承担的事情，就是保护市民人身和财产的安全；老师要承担的事情，就是教好自己的学生；而学生要承担的事情，就是好好学习，完成自己的学习任务。这既是每个人应该承担的义务，也是必须承担的责任。

第二，学习是你自己的事情。往小了说，你将来想要成为什么样的人，想要上一所什么样的大学，都和你的学习成绩是息息相关的。你学习到的知识越多，你的成绩越好，将来在人生的十字路口时，你就能有更多的选择、更宽广的前程。往大了说，你想成为对国家、对社会有用的人才，知识积累也是你的必经之路。

第三，关于智能手机的问题。首先，父母的担心不无道理，在诱惑面前，人的自制力都是有限的；其次，手机是一个工具，不是与人攀比的筹码；最后，你可以不同意父母的意见，但要懂得尊重他们的意见。

家长越催，孩子学习越不给力

上个星期，几位老师接连向我反映了班上一位同学的家庭作业问题，这个出状况的同学叫杨晓洁，是个非常文静的女孩子，学习成绩中等，但很听话，以前从来没有出现过类似的情况。

学生偶尔没有完成家庭作业并不奇怪，但杨晓洁却在一个星期内有三次没有交作业，而且完成作业的情况也非常不理想，这就比较奇怪了。我马上联系了杨晓洁的母亲，把情况告知了她，并询问她是否有什么原因导致杨晓洁出现这种情况。

杨晓洁的母亲在电话里告诉我，之所以出现这样的状况，是因为最近他们刚搬了家，还没给杨晓洁找到合适的补习班，之前的补习班也因为路程不方便而没有继续去上了。杨晓洁的母亲说，杨晓洁其实一直有个毛病，就是做作业特别磨蹭，得一直有人在旁边盯着、催着，以前送她去补习班，有补习班的老师可以盯着、催着她把作业完成，现在不去补习班了，家长上班又忙，根本没时间来盯着她，结果杨晓洁磨磨蹭蹭，经常到半夜了作业也完不成。

做作业拖拉磨蹭，这个问题是很多孩子都存在的，而面对这个问题，大部分家长所采取的应对策略几乎都是一个字——催。但实行过这一策略的家长其实都知道，"催"字诀显然对改进孩子拖拉磨蹭的坏习惯没有任何帮助，而且通常都会以家长的怒吼和孩子的眼泪作为结束。

现在，如雨后春笋般冒出来的补习班、托管班可谓帮了不少家长的大忙，不少家长把孩子往补习班、托管班一送，令他们头疼不已的作业问题就解决了。客观来说，补习班和托管班的出现的确为家长分担了不少管理教育孩子的难题，同时也能为孩子提供一部分家长没有能力做到的课外辅导。但需要注意的是，补习班和托管班虽然能代替家长监督孩子完成学习任务，却不一定能帮助孩子纠正一些不良习惯。比如杨晓洁做作业拖拉磨蹭的习惯，显然就并未得到纠正，使得她一旦脱离了监督和催促就会出现问题。

想要彻底解决问题，我们就得找到造成问题的根源。孩子拖拉磨蹭通常来说有这么几个原因：

第一，缺乏专注力，容易走神。

不少孩子做作业之所以慢，很大一部分原因就在于注意力不集中，"附加动作"太多，一会儿东张西望一下，一会儿喝口水上个厕所，一会儿看着窗外发会儿呆，一会儿吃几口零食玩几下橡皮……这样一来，时间就在不知不觉中被浪费了，而作业却没能做多少。

孩子的思维是非常活跃的，也正因为如此，孩子比成年人更容易受周围环境的影响而分散注意力。针对这种情况，家长要尽可能为孩子打造一个良好的学习环境，并在适当时提醒孩子集中注意力到作业上。

第二，任务意识不强。

惰性深植于每个人身体里，不时就会跳出来干扰一下我们正常的工作和学习。成年人往往比孩子更能克服惰性，究其根本，是因为成年人比孩子更清楚无法完成工作任务的后果和影响，因此成年人的任务意识通常要比孩子强得多。

想要加强孩子的任务意识，就必须要让孩子明白，无法完成任务会造成什么样的后果和影响。只有这样，才能让孩子明白，哪些事情是自己必须去承担的责任。

第三，没有良好的时间观念。

很多孩子做事磨蹭往往是因为对时间的概念比较模糊，比起长远的考虑，他们更容易专注在眼前的事情上，这是由孩子的生理和心理特征决定的。因此，家长应该帮助孩子建立起时间管理的观念，而不是只一味催促，让孩子把手上的事情做完。

第四，手眼协调力差，容易疲劳。

在成长过程中，孩子神经肌肉发育得不充分，往往会影响到孩子的手眼协调能力，使得他们在做作业时总是频繁地抬头低头，尤其是在进行生字词抄写时，常常需要看一笔写一笔，这样一来就容易产生疲劳感，做作业速度自然也会非常慢。在这种情况下，家长的催促声只会让孩子越发紧张，也越发容易犯错。

第五，被逼无奈，故意磨蹭。

家长对孩子过高的期望和要求也是造成磨蹭的重要原因之一。很多家长为了提升孩子的学习成绩，通常会给孩子安排一些额外的"作业"，但这样一来，可能就会让孩子产生一种想法：反正做完老师布置的作业之后也不能玩，还得接着做爸爸妈妈布置的作业，还不如慢点写呢，把时间拖过去，就能少写点额外的作业了……

磨蹭是种坏习惯，但"催"字诀绝不是应对良方。想要让孩子养成自觉的学习习惯，我们就得先找到孩子磨蹭的根源。

要学会学习，才不会事倍功半

一位学生通过班级的"交流箱"给我写了一封信，倾诉他在学习方面的苦恼，信上写道：

老师，我是个非常珍惜时间，也非常勤奋的学生，每天除了吃饭、睡觉之外，其余的时间几乎都用在了学习上，可是不管我怎么努力，成绩却始终都不理想。人们常说付出就一定会有回报，可为什么我觉得我的付出却换不来任何回报呢？那些每天有时间打篮球、看动画片的同学，考试分数却总能比我高，这让我感到非常痛苦。我真的不知道该怎么办了，或许我天生就不适合学习吧……

其实，每个班级都有类似情况的学生：在学习上表现得十分刻苦用功，甚至连课余时间都排得满满的，别人在做游戏，他在学习；别人在打闹玩乐，他在学习；甚至每天晚上别人都已经进入梦乡了，他还在灯下看书做题——可成绩偏偏就是上不去。

按理说，都已经这样勤奋了，学习成绩应该非常优异才对，可为什么付出却没有回报呢？难道真像这位苦恼的学生所说的，他们"不适合学习"吗？我可以肯定地告诉你，当然不是，没有任何一个学生是"不适合"学习的。那么，这些付出与回报永远不成正比的学生们又是怎么回事呢？这就要提到一个非常关键的问题了——学习效率。

学习是一件很有技巧的事情，找对了方法才能事半功倍，把学习效率提高。比如学弹钢琴，你得先读懂琴谱，知道每个琴键所对应的音符，搞懂这个规律之后再遵循规律勤加练习，这样才能算是"学会"弹钢琴。如果你不去看琴谱，不去研究每个琴键的音阶，只是一味地埋着头去弹，那可能连你自己都搞不清楚你到底在练习什么。

那些在学习上投注了大量时间却无法获得相应回报的学生正是如此，他们的问题就出在以为只要肯花费大量时间去学习就叫作"勤奋"，以为只要一味地埋着头看书、做题，就能获得好成绩。但实际上，从学习的效果来说，这样的学生恰恰是最"懒惰"的。他们的懒惰在于不肯动脑子去思考，去探索学习的方法，提高自己的学习效率。

如果注意观察你会发现，在任何一个班级里，学习最好的学生绝对不会是看上去最刻苦、最忙碌的学生。人的精力和脑力就像是一条橡皮筋，长久处于紧绷状态的话，结果只会有两个：要么断掉，要么失去弹性。想要让这条橡皮筋保持弹力，就必须懂得在拉紧与放松之间交替，也就是我们所说的劳逸结合。

人体的一切活动都是有规律可循的，大脑也同样如此。据生理学家研究显示：在一天中，早晨通常是大脑记忆的黄金时间，在这个阶段，大脑的记忆效率是最高的；而起床之后的3~4个小时，也就是大约上午10点到11点之间，通常是人一天之中头脑最清醒的时候，在这个时段里，人的思维能力、体力和精力都达到一个最高点；下午1点到2点左右则是脑力与体力都较低的时段，需要放松和休息；到下午3点到6点之间，大脑的活动又会开始趋于兴奋；晚上8点到9点之间，大脑的记忆力再次达到一个高峰。

当然，每个人的生物节律都会有一定的差别，在这里举这个例子不是说每个人都得按照这个规律来进行学习安排，而是要告诉大家，大脑的活动是呈波浪线型发展的，有高峰也有低谷，我们要懂得帮助孩子摸清自己的状况，找到高峰期和低谷期。在低谷期就进行适当的放松，养精蓄锐，确保有足够的精力和脑力在大脑活动的高峰期进行学习，以提高学习效率，用最短的时间达成最优的学习效果。

此外，在学习的过程中，找对方法，总结规律也是至关重要的。要知道，学生做题的目的是更好地掌握所学的知识点，如果只会一味地埋头做题，而不去进行思考、总结，让知识进入大脑，成为自己的东西，那么做再多的题也是毫无用处的。

所以，家长们请记住一句话：真正优秀的学生不需要每一分钟都去学习，但必须保证学习的每一分钟都有效果。

不要把家庭作业视同儿戏

每次站在讲台上布置作业的时候，我都感觉自己像是摧残劳苦人民的奴隶主，而不是祖国辛勤的"园丁"、光荣的人民教师。看着讲台下那些一边记录着作业一边摆出生无可恋痛苦表情的"祖国花朵"，我都怀疑自己到底是在布置作业，还是在强迫他们去上刀山下火海。

在我执教过的学生中，还真没遇到过几个喜欢做作业的，在布置作业时讨价还价的倒是不少。在敢于和我讨价还价的学生中，最令人印象深刻的是一个叫卢浩的孩子，他是我上一届所带班级的学生，现在已经上初中了。

卢浩是个活泼好动的孩子，在班上成绩算是中等偏上水平，各科老师对他的综合评价几乎都是：聪明有余，踏实不足。

确实，卢浩头脑很聪明，尤其理解能力非常强，特别是在学习新东西时，表现得比大多数学生都要好，但或许也正因为这样，卢浩不免有些浮躁，在学习方面总是不够踏实，做题也总是毛毛草草。

有一天放学的时候，卢浩突然来办公室找我，支支吾吾半天才把目的说清楚：想找我要个"特权"——不做家庭作业的"特权"。卢浩一副早有准备的样子，滔滔不绝地叙述了一大堆想要这个"特权"的理由，综合起来不外乎这么几点：一是他认为做家庭作业除了占用、浪费大量的时间之外毫无意义；二是课堂上讲的知识他都完全能听懂，没必要做这么多同类型的练习题；三是他想利用做作业的时间去运动和学习乐器，这样更有意义。

看着卢浩那胸有成竹的样子，我没有立即反驳他，而是和他做了个约定：用两个月的时间来验证看看，做作业这件事情究竟有没有意义。我告诉卢浩，其他科目我暂且不干预，先以我当时负责的数学科目来进行"实验"，接下来的一个月时间，卢浩可以暂时不做我布置的数学作业，我们一起来看看，这对他的小考成绩会不会有影响。

得到我的首肯之后，接下来的一个月，卢浩果然没有再交数学作业，每天一放学就欢欢喜喜地抱着篮球跑球场去了。而一个月后的小考成绩下来之后，卢浩笑不出来了，数学成绩一直还算不错的他这次不过勉强及格。

下课后，卢浩哭丧着脸来了办公室，半天没敢抬头看我。我并没有训斥卢浩，只告诉他，按照约定，接下来的这个月，他得完全听我的安排，认真完成我布置的所有家庭作业。大概成绩的下降让他有些心虚，这次他什么也没说就乖乖点头答应了。

之后的这个月，除了和其他同学一样的作业量之外，我每天还会额外多布置卢浩做几道题，补上之前那个月他没做的练习。一个月后迎来了期中考，刚考完数学的那天卢浩就跑到办公室来找我了，笑嘻嘻地跟我保证说这次数学肯定考得好，题目基本都会做。离开办公室之前，卢浩有些不好意思地挠着头对我说："老师，这作业吧，感觉上是挺没意思的，但不知道为什么，好像也不是完全没意义。平时没什么感觉，但这两次考试感觉差距挺大的。真没想到，枯燥的家庭作业居然还能有提升成绩的魔力啊！"

很多学生心里大概都觉得，家庭作业不过就是机械性地完成一道道大同小异的习题，简直就是老师对学生的"折磨"，所以每次在老师布置作业的时候才会怨声载道，甚至于和老师讨价还价，抱着能少做一题是一题的思想。但实际上，家庭作业对于成绩的提升是有着非常重要的作用的。

首先，家庭作业对于知识点的巩固和记忆有着非常重要的作用。人的记忆分为短时记忆和长时记忆两种，在课堂上，学生新学到一个知识点，并感觉自己已经记住了它，那时候的记忆往往只是短时记忆，必须要经过反复的记忆和运用之后，才能成为长时记忆，长久地留在脑海中，而家庭作业，其实就是帮助学生将对知识点的短时记忆变为长时记忆的一个"桥梁"。

其次，老师在布置家庭作业时，往往都是具有针对性的，任何一个知识点在题目之中都能有多种运用，许多作业看似用的都是同一个知识点，但仔细琢磨就会发现，无论是解题思路还是题目的表达方式其实都有所不同。少一道作业题，往往就意味着少了一分学识，而这些最终都会在学生的考试成绩中体现出来。

最后，认真对待家庭作业，还能培养独立思考的精神，有助于学生形成良好的学习习惯。所以，当孩子再因家庭作业而抱怨不已的时候，希望每位家长都能告诉他们，家庭作业并不是老师对学生的"折磨"，而是一个能够有效帮助学生积累和巩固知识的重要方法。用正确的态度来面对作业，才能在学习上取得理想的成绩。

作业可以抄，未来能抄吗？

前一阵子，语文老师在班上发了一通火，随后怒气冲冲地回到办公室，把几个作文本子交给我，哭笑不得地说："你瞧瞧，咱们班上这几个学生，姓不一样，可'爸爸'还能是同一个……"

我莫名其妙地打开本子一看，原来语文老师之前布置了一个作文，题目是"我的爸爸"，结果班上竟然有四名同学写出了一模一样的作文，很显然，这四位大概是在某本书上抄范文的时候"撞文"了。

说起抄作业这个问题，那真是让老师和家长都头痛不已，无论采取多么严格的措施，这一现象也始终屡禁不止。要想彻底解决这个问题，就得先找到问题产生的根源，所以，我决定好好去探究一番，学生们抄作业究竟为的是什么。

利用每周一次的班会时间，我决定心平气和地和孩子们交流交流，让他们自由发言，阐述一下学生之所以要抄作业的理由。一开始，大家都比较紧张和戒备，仿佛我是敌人派来的特务一般。后来平时比较顽皮、胆子比较大的体育委员于扬漾先开口了："老师，那些作业都太难了，根本不会做，有时候不抄就完不成，完不成就会被骂……还不如抄呢。"

于扬漾的发言赢得了几声低声的附和。有了于扬漾打头阵，接下来的发言就顺畅多了。

学习委员小蒙说："有时候他们抄作业吧，完全是因为老师和家长太严厉了，作业错得太多肯定被骂，作业没做完，肯定也得被骂。总之就是怕老师怕家长呗。当然了老师，作为学习委员，我是肯定不抄作业的！"

小蒙话音刚落，他的前桌陈芳就反驳道："那可不一定，有的老师很和蔼，也有不少人抄那科的作业啊，被老师发现后也不会怎么样。"

"其实……有时候抄作业也是盛情难却。"一向文静的朱文文小声说道，"小伙伴主动让你抄，说抄完了可以早些一块儿玩，总是不好拒绝的……"

……

根据孩子们的发言，我总结出了大家抄作业的几点原因：

1.作业量太多；

2.作业难度较大，尤其对基础较差的学生，独立完成比较困难；

3.老师和家长管得太严或者太松；

4.贪玩不想做。

在黑板左边写下这几个原因之后，我在中间画了一条线，让大家思考一下，抄作业又有哪些坏处。这一次发言的人就更多了，大家七嘴八舌地开始陈述：

"习惯抄作业以后就不会再自己思考了，成绩会退步。"

"新学的知识掌握不了，时间久了就跟不上学习进度了。"

"会养成懒惰的坏毛病。"

"会被老师责罚。"

"家长发现以后会被骂。"

"抄作业的时候太紧张了，生怕被发现，对身体不好。"

……

不一会儿，右边的黑板就写满了，孩子们却还在不断地陈述着各种抄作业的坏处。可见，其实很多道理，孩子们自己都明白，但明白道理不意味着就不会犯错。包括成年人其实也一样，很多事情明明知道是错误的，却依然还是会去做，而这归根结底其实就是为了眼前的利益，以及逃避来自外界的责难。

比如学生抄作业，为的不外乎就是省出时间来玩，以及应付家长和老师，避免遭受因作业完不成而带来的责罚。很多家长和老师在初次发现孩子出现抄作业的情况时，往往可能会二话不说就严厉地对孩子进行批评教育，甚至于把这一错误草率地上升到了道德的高度，给孩子贴上"欺骗"的标签。这种处理方式其实是极其错误的，惩罚治标不治本，要想纠正错误，还是得从造成错误的根源上着手。

对此，我决定针对学生们提出的意见来对班级管理进行一些"改革"：

首先，就是在布置作业时采取"分层"的方式，一些难度较大的题目允许出现"留白"情况。

其次，在布置作业时尽量与各科老师进行沟通协调，保证学生有充足的时间来完成作业。

第三，以后在讲评作业时，会不定期让学生来讲解自己的做题思路，尽可能杜绝抄袭现象。

第四，在班级里开展"一帮一"活动，让基础好的同学帮助基础差的同学，使其能够较快地跟上学习进度。

最后，组织学生发表"诚实宣言"，加强诚信教育，让孩子们明白诚信的重要性。

　　总之，抄作业的原因是多方面的，在发现孩子的这一错误行为时，比起责备和惩罚，我们更应该做的是去了解这一行为背后的原因，并引导孩子去明白作业的意义，同时也让他们明白诚信的重要性。

永远别作弊，那是在欺骗自己

期末考试过后，又有一批学生上了学校"通报批评"的处罚名单，原因自然又是——作弊。

拿到名单之后，我感到有些吃惊，我的班级里有两名学生"中招"了，一个是学习成绩向来不错的张雯雯，另一个则是学习成绩常年处于中下游水平的林昊。我把他们叫到办公室的时候，张雯雯的眼睛已经肿得像个桃子，显然是哭过一场了。作为男生的林昊虽然没掉眼泪，但脸上的表情也好不到哪里去。

林昊作弊的理由很简单——怕考试分数太低被家长骂，这大概是不少成绩不太好的学生作弊的"通用理由"吧。至于张雯雯，一开始就只是低着头掉眼泪，不肯开口说一个字，一直耗了快有半小时，她这才带着哭腔开口说："老师，对不起，我错了……我妈妈说，说这次期末考试能考到班上前三名，就……就带我去香港玩……我特别……特别想去……所以……对不起老师……我知道错了……以后再也不敢了……"

听到这个理由我感到挺吃惊的，一直以来我都不反对家长使用一定的物质奖励来激励孩子学习，这一点在之前班上另一个学生小蒙的事件上我也提到过。但我也曾多次强调过，在学习方面，过分强调物质奖励，往往可能会让孩子对学习的认知产生偏差，甚至于为了获得物质奖励而犯下一些错误，张雯雯这次的事件就是最好的例子。

在班会上，我和学生们共同探讨了一个问题：考试的意义究竟是什么？大家的答案真是五花八门。

有人说，考试可以给学生分"等级"，这样就能分出学习好的和学习不好的学生来了。

有人说，考试就是分班的根据，分出快班和慢班之后，老师就能着重培养学习好的快班学生了。

还有人说，考试能选拔出好学生，让好学生上好的学校……

在这些五花八门的答案中，刚和我谈完话的张雯雯给出了最令人满意的答案，她说："通过考试，我们可以进行自我检验，知道自己的薄弱环节在哪里，然后有针对性地提升自己，加强对知识的掌握。"

显然，大部分学生看待考试，更多的是注意到了考试所带来的结果，而没有认真思考过考试对于他们自己来说究竟有什么意义。很多家长其实也都是如此，每次考完试后，总会有几个家长打电话来问孩子的成绩，但却鲜少有家长会主动和我探讨孩子哪方面知识掌握得比较薄弱，要怎么加强之类的问题。

考试最大的意义就是自我检验，知道自己的不足在哪里，以便更好地提升自己，取得进步。而作弊则完全抹杀了这一意义，作弊得来的分数仅仅只是一个数字而已，但作弊这一陋习始终屡禁不绝，最大的原因还是在于学生对考试的认知有所偏差，过分重视分数所带来的结果。当然，学生之所以有这样的认知偏差，与家长及老师也都是分不开的。

考试分数高就能得到奖励，得到表扬；考试分数不理想就会得到惩罚，受到批评。当然，这也无可厚非，对于孩子的进步我们都应该给予肯定，而对于孩子的错误我们也必然需要给予纠正，这样才能让他们知道什么是对，什么是错。但问题是，如果过分强调奖励和惩罚，而忽视了对孩子思想的正确引导，那么反而可能适得其反，让孩子忽略过程的重要性，而只把目光集中在结果上，认为只要能取得高分就能得到肯定，哪怕作弊也没有关系。

故而，无论是老师、家长还是学生，都应该明确一点：考试最重要的意义不在于分数，不要总把目光集中在分数上，考试最重要的意义在于自我检验，发现自己的问题，然后去改正它，从而使自己得到提升。作弊得到的分数只是昙花一现的辉煌，辉煌过后，不仅不能让自己取得进步，反而可能因为沉浸在这种辉煌的假象中而愈发不思进取。作弊，真正蒙的人，是你自己。

如果为目标努力，学习会变得有趣

为了能与学生进行良好的沟通，我在带每个班级的时候，都会在班上设置一个"交流箱"，同学们可以将自己的一些想法，或者想要向老师反映的一些问题写在纸条上，投入这个箱子，我会定期查看箱子里的字条和信件等。有一次，我就在箱子里看到了一位同学写的信，信上有这样一段话：

"老师，都说童年应该是无忧无虑、非常美好的。可是我现在并不能感觉到美好，相反的，只觉得每天都很难受，很痛苦。我知道爸爸妈妈和老师都希望我们好好学习，但是我真的太讨厌学习了。每天起床要去上学我就觉得痛苦，晚上回来要做很多作业，我也觉得很痛苦，一提到考试我就更痛苦而且害怕。我特别想痛痛快快地哭一场，但现在，我感觉自己连哭的时间都没有，除了好多好多的作业之外，还要去上补习班，还要去学钢琴……如果可以许愿，我真希望这个世界上永远不要有学习这件事！"

在每个学校、每个班级里，都不可避免存在这样的学生，痛恨作业，讨厌学习，惧怕考试，把上学看作是一种沉重而可怕的负担。通常很多人都会惯性地认为，这类学生应该都是成绩比较差的，但其实不然，虽然这封信上没有署名，但其实光看字迹我也能判断出写这封信的是哪一名同学——在这里，我就不提这位同学的名字了——这名同学学习成绩是非常好的，完全称得上"学霸"，考试成绩排名几乎没有出过年级前十，每年评"三好学生"也一定会有她的名字。可想而知，当看到这封信的时候我心里有多么意外和震惊。

"孩子讨厌学习"，这件事情其实也不难理解。事实上，绝大部分孩子都不可能把学习当作是一件快乐的事情。学习是一件很辛苦的事，尤其是想要取得好的成绩，就必须忍受一段无聊而辛苦的学习历程。学习唯一快乐的地方就在于通过学习取得成就之后的欣喜，以及努力和付出得到肯定后的满足。

我们知道，通常大部分学习不好的学生都讨厌学习，归根结底正是因为他们缺少通过学习取得好成绩所带来的满足和快乐，以至于学习对于他们而言，变成了一件过程无聊而艰辛，结果也不尽如人意的事情，久而久之，便陷入了一种恶性循环——因为讨厌学习而无法取得好成绩，又因无法取得好成绩而更厌倦学习。那么学习成绩好的学生就都喜欢学习，都能从学习中感受到快乐吗？关于这个问题，我所收到的那封信很显然已经给出了答案。

贪图玩乐，追求享受，几乎可以说是人的天性，不少成年人都常常会因为耽于玩乐而忽略正事，更何况是自我约束力较差的孩子呢？很多时候，我们之所以愿意放弃眼前的享乐，拒绝当下的诱惑，不是因为我们本身喜欢吃苦，喜欢磨难，而是因为有更为吸引我们的目标在前方，为了实现这个目标，我们才甘愿选择艰辛和崎岖。

家长们往往认为，孩子学习成绩不好，是因为他们不爱学习，所以总是不断告诉孩子，你要喜欢学习，学习是件快乐的事。但实际上，对于孩子来说，相比和朋友一起玩闹，看几集动画片，学习无异于苦难和崎岖，你要让一个人违背本性地去爱上苦难和崎岖，这当然是不可能的事情了。

我们说过，学习唯一的快乐之处主要体现在学习所带来的结果上。你想要让孩子主动选择艰辛，让他们在崎岖的道路上寻找到满足与快乐，唯一的方法就是在道路的尽头放一个足够吸引他们的目标，让他们在前行的时候能够因逐渐接近那个目标而感受到欣喜和鼓励，从而自觉自愿地走完这条艰难的学习之路。这个目标并不一定得有多么远大，但一定得是孩子内心所渴望实现的，对孩子有着足够吸引力的。

后来在班会上，我让所有学生把自己以后想要做什么、成为什么样的人写在一张便笺纸上，又让他们思考，要实现这个心愿，得上什么样的大学，而要考上这所大学，得上什么样的高中……一步步把目标细化、具体地写出来，贴到了教室后方黑板旁边新增设的"心愿板"上。之后每个月，我都会给同学们一次"修正心愿"的机会，让他们根据自己想法的变化和自己的实际情况来调整自己的目标，同时也是在提醒他们，时刻不要忘记内心的理想。

"书呆子"怎么了？人与人各有千秋

前段时间，我突然接到表嫂的电话，说我刚上六年级的侄子小光最近突然变得不爱学习了，甚至有好几次都没交作业，表嫂和表哥轮番上阵，从"怀柔政策"到"男女双打"，什么方法都使上了也不顶用。于是表嫂就想到了我，按她的话说就是"你班上六十几个熊孩子都能搞定，搞定你侄子肯定不成问题"。于是，在领了这个光荣的使命之后，我在闲暇时间去了一趟表嫂家。

侄子小光是个非常乖巧的孩子，从小就没让人操过什么心，尤其是学习方面，从上小学一年级开始他就是"年级标兵"，还担任了中队长的职务。小光尤其喜欢读书，在假期里，除了学校规定要完成的课外阅读书目之外，还常常让我给他推荐新的书。很难想象，这样一个喜欢阅读、成绩优秀的孩子会突然变成让家长和老师头疼的"问题学生"。

这次去见小光我特意给他带了一部《鲁滨逊漂流记》和一部《汤姆·索亚历险记》，这两部书都是在上个假期时我推荐给他阅读的，后来因为一些假期安排上的变动，小光没能读完这两部书，之后一直念念不忘。但令人惊讶的是，看到我带去的两部书之后，小光的反应却有些冷淡，还颇为不耐烦地说："我最讨厌看这些字了，还不如去打篮球呢，又不是'书呆子'！"

一听他这话，再看他这反常的样子，我就知道，这里头肯定有事。最后把房间门一关，仗着平时和我没大没小的"交情"，一番拉钩保证不告密之后，小光才把事情的原委给我讲了。

原来小光有个同学叫赵恒，是体育委员，以前他和赵恒本来关系挺好的，后来因为一些口角闹翻了，赵恒就开始处处和他过不去，还和一群男生成天嘲笑小光是个"书呆子"，整天只会看书学习，连跟老师叫板都不敢，胆小得跟个小姑娘似的。原本一开始，小光也没在意赵恒说的这些，直到有一次，他无意中听到班上最漂亮的女同学杨晓晓和别人说喜欢像赵恒那种"酷酷"的又有点"坏坏"的男生，不太喜欢像小光这样的"书呆子"，小光这才大受打击。结果，就像和谁赌气似的，小光憋着这口气，一反常态地把自己变成了个"问题学生"，誓要摆脱"书呆子"这个称号。

这事也真是让人怪哭笑不得的，看着小光脸憋得通红的倔强样子，我想了想，问他说："你也认为，男孩子喜欢看书、喜欢学习是件很不酷的事情吗？"

小光想了想，老实回答我说："我也不知道，反正'书呆子'肯定是不酷也不帅的。连杨晓晓也这么觉得。"

我又接着问道："小光，你不是特别喜欢看推理小说吗？你觉得那些小说或者漫画里的侦探酷不酷？帅不帅？"

"当然是又酷又帅啦！他们那么厉害，头脑又聪明，从一点点的痕迹里就能推敲出很多线索！"

"那你觉得为什么他们能这么厉害呢？"

"嗯……"小光想了很久，才说道，"他们观察很细致，而且知道很多东西，懂很多知识，所以才比别人厉害，别人看不到的，想不到的，他们都能发现。"

"那你认为他们为什么会懂这么多东西，知道这么多的知识呢？"

"可能学习好吧……然后还喜欢看书……"

我点点头，又指着带来的两本小说问小光："你之前不是说特别喜欢这两本书吗？有一本还没看完吧？你觉得能写出这样小说的人厉害吗？"

"当然厉害！"小光毫不犹豫地脱口而出。

"你看，无论是你崇拜的聪明的侦探也好，还是能写出这么优秀作品的作家也好，如果不喜欢学习，不喜欢阅读，他们都是不可能成为这么优秀的人的。难道他们就不酷不帅吗？"我认真地看着小光继续说道，"做只会死读书的书呆子固然不好，但小光，不是爱学习爱读书的人就是'书呆子'。在球场上奔跑的男孩子很帅气，头脑聪明，懂得很多知识的男孩子同样也很酷。你想想，你被评为'年级标兵'，在礼堂里代表班级学生发言的时候，你觉得自己不帅吗？你作文写得很好，被老师当作范文念给大家听的时候，你觉得自己不酷吗？你做出其他人都不会解答的难题，你知道别人都不懂的知识，这样的时候，你自己不觉得很骄傲吗？"

那晚我和小光聊了很久，临走的时候，我把带给他的两本书交给了表嫂保管，并和小光约定好，等他把之前落下的作业补上之后，再把这两本书给他。至于班上最漂亮的杨晓晓同学，这点小少年的心思倒还不至于发展成什么，我也就帮他保密了。

就算和老师闹脾气，也别耽误自己

不久之前，因为一些个人原因，原本任教我们班级英语的小方老师辞职了，学校安排了另一位新的英语老师陈老师来接替她的工作。陈老师是个非常有经验的老教师，教学水平那绝对是没话说的。

陈老师上任之后第一个月的月考，我们班级总体英语成绩和以往相比波动不大，可见大部分学生对于陈老师的教学方式还是比较适应的。但让我有些在意的是，罗靳同学的英语成绩却出现了明显退步。一开始，我以为只是因为刚刚换了任课老师，罗靳还不太适应，但到第二个月月考成绩出来之后，我却发现问题远不止如此，这一次罗靳的英语成绩再创新低，几乎已经到了及格线的边缘。

放学后，我把罗靳叫到了办公室，把他从开学到现在的每一次英语考试成绩记录放在他面前，开门见山地问他："罗靳，来说说看吧，怎么回事？为什么会出现这种情况？"

罗靳探过头，看了看成绩记录，撇撇嘴说道："那还能怎么回事，肯定是陈老师教得不好呗。老师，小方老师什么时候才回来啊？我还是喜欢她教我们英语……"

"这两次月考英语这一科目的成绩，除了你之外，班上其他同学都没有出现太大的波动，有几位同学甚至还有了不小的进步和提高，比如陈芳芳和刘颖，她们俩这两次的成绩都有很大进步——所以，究竟是陈老师教得不好，还是因为其他原因？"

"总之……我就是一点也不喜欢陈老师。"罗靳低头看着手指，别别扭扭地嘟囔着。

在和他谈了很久后我才搞清楚，原来陈老师在接管班级上第一节英语课的时候当着全班同学的面狠狠地批评了罗靳一通，让罗靳觉得很没面子，很受伤害，所以他特别讨厌陈老师，甚至耍脾气不肯听陈老师讲课，作业也不好好地完成。

罗靳向来是个比较活泼的孩子，而之前的英语老师小方老师也是刚从师范大学毕业出来没多久的年轻人，性格也比较活泼。在教师考核的时候，我曾经去听过几堂小方老师的课，她上课时候的课堂气氛总体来说比较活泼，她也比较鼓励学生在英语课堂上多用英语进行发言，罗靳就是最喜欢和小方老师进行互动的学生之一。而陈老师和小方老师不同，陈老师性格比较严肃认真，对课堂纪律也非常看重，所以才会批评了在英语课上"过分活泼"的罗靳，结果让罗靳对她产生了"心结"，连带着英语这门科目都不肯好好学了。

许多学生其实都有像罗靳这样的心理，因为不喜欢某个老师而对该老师所执教的科目产生排斥心理，以至于怎么都学不好。这其实是一种非常不好的心态，到头来亏的还是自己。学生排斥老师，对老师来说基本上是没多大影响的，但是如果因为排斥老师而导致某一科目的成绩下滑，那对学生来说影响就非常大了。

老师就好像是你学习道路上的引路人，在你迷茫、不知所措时，往往能够指引你走向正确的地方。如果你因为心中对老师的排斥，而不肯听从老师的指引，甚至故意和老师"唱反调"，那么必然会因此而绕远路，无形中给自己增添了不少阻碍和麻烦。

道理虽然是这样，但想要让罗靳消除心理上对陈老师的排斥并不是三言两语就能做到的。我思索了片刻之后对罗靳说道："罗靳，你可以不喜欢陈老师这个人，但学校不可能因为你个人的好恶就帮你换一位任课老师。但如果你能在上英语课时认真地听一听陈老师讲课，然后客观地指出她在教学方面哪里做得不好，只要你说得有道理，那么作为班主任，我是可以向学校申请为班级换一位英语老师的。你可以做到吗？"

罗靳想了想之后信心满满地点头答应了。

一周之后，我再次把罗靳叫到了办公室，询问他对陈老师的英语课有什么意见和看法，他含含糊糊地说了句："还行吧！"看他的样子就知道，最近的英语课上得还是不错的。不等我说什么，罗靳突然小声地问了我一句："老师，我听别人说陈老师以前在美国那边待了很多年，是真的吗？"

我笑着冲他眨眨眼睛："是啊，陈老师是留美博士呢，厉害吧？"

罗靳点点头，嘟囔道："怪不得英语说得那么好……"

看着罗靳眼中升腾起的崇拜之情，大概再也不需要我担心他的英语成绩了。

Chapter

2

现在学习，是为了将来做最好的自己

世界公认的成功定义是：成功就是逐步实现一个有意义的既定目标。

目标是指想要达到的高度或标准。孩子在学习过程中，如果有清晰明确的目标，就会自心底产生强烈动力，促使自己朝着所定目标努力前进。从某种意义上说，提升孩子学习成绩和效率的最有效方法，就是帮助他们设立非常明确的目标。

读书为什么，认真想过吗？

有一天晚上在看电视的时候，刚上五年级的女儿突然凑到我旁边对我说："爸爸，我以后要和表舅舅一样去做生意，做大老板，就特有钱的那种。"

女儿说的表舅舅是我老婆的一个远房表弟，农村出身，十七八岁就自己到城里闯荡，现在经营着一家汽车修理厂和一家酒店用品公司，前阵子听说还筹备要买个红酒庄，生意做得挺大。

听了女儿的话，我点点头调侃她道："那倒挺好，你要能像表舅舅那样，那我和你妈妈以后可就享福啦！"

见我没反对，女儿突然露出一副"奸计得逞"的表情，笑嘻嘻地接着说道："那以后什么补习班啊，就都不用去上啦，以后大学我也不考啦，等挨完九年义务教育之后，我就跟着表舅舅下海经商去！以后我成了大老板，就让你和妈妈天天出国玩！"

女儿这话让我感到很是意外，一直以来，在学习上她从未让我操过什么心，况且我也很清楚，女儿并不讨厌学习，可为什么突然会萌生出这样的想法来呢？

我把电视音量关小了一些，然后看向女儿问道："你以后想做生意跟你读不读书、学不学习并没有什么冲突呀，为什么因为以后想做生意，就不想上补习班，也不想考大学了呢？"

女儿有些困惑地看着我说道："我们现在这么辛苦地读书，不就是为了以后找个好工作，挣很多钱吗？可是表舅舅小学都没毕业呢，就能做大老板了，既然这样，那我只要跟着表舅舅一样也做生意，也去做大老板不就行了，还考什么大学，读什么书呢？"

听了女儿的话，我很是惊讶，问道："你认为读书仅仅是为了'找工作'吗？"

女儿想了想，然后有些迟疑地点了点头说道："应该是吧。前两天我去找大光玩的时候，就听到大光妈妈在骂大光，说他不好好读书，以后考不上好大学，就找不到好工作，只能跟他爸一样在工地上搬砖……还有陈泽说他爸也这么骂过他，还有李小敏也是……反正吧，我们班几个同学都开过小会议探讨过了，现在读书读得那么辛苦，不就是为了考个好大学，以后找个好工作赚很多钱吗？我跟他们说好了，以后我们就一块儿跟着我表舅舅学做生意，一块儿做大老板，这样成绩不好也不怕以后找不着工作赚不着钱了。"

女儿的话让我哑口无言，也让我开始进行了一番自我反思，回想是不是也在某个不经意的时候，曾表露过类似的意思，从而让女儿将读书和学习这件事看得如此功利。读书到底为了什么？辛苦地学习，然后考个好成绩，又究竟是为了什么？这些问题大概每个孩子在学习和成长的过程中都问过自己无数遍。

在现实生活中，很多家长都对孩子说过类似这样的话："你如果不好好读书，就考不上好大学，考不上好大学就找不到好工作，然后就只能像×××那样去做×××……"在这样的"告诫"声中，许多孩子开始把上学读书和"找工作""赚钱"联系到了一起，以为这就是读书的最终意义。比如女儿，虽然我并未直接对她说过这样的话，但从外界获得的信息却也让她在不知不觉中有了这样的一种错误认知。

"孩子，你还记得上次假期爸爸妈妈带你去埃及看金字塔的事情吗？"我想了想，耐着性子问女儿。

女儿点了点头，脸上闪烁着兴奋的光芒："当然记得啦！爸爸你还答应我下次有机会还带我去的！"

"是呀，爸爸没有忘记。不过你觉得看金字塔有意思吗？"我又接着问道。

听到我这个问题，女儿摆出了一副不可置信的样子："爸爸，怎么可能没意思？！那可是人造建筑的世界奇迹！我在书上看到过，搭建金字塔的那些石块之间连水泥都没有，全都是石头一块块磨平之后叠加起来的。在古时候，什么工具啊，科技啊都不行，但是那时候的人们却能建造出这么厉害的东西，简直太神奇了！"

看着女儿兴奋地讲述着自己所知道的关于金字塔的各种故事，我发自内心地笑了起来，女儿一直很喜欢阅读有关古代建筑方面的课外书，尤其对金字塔情有独钟。我拍了拍她的肩膀，接着说道："你认为金字塔有意思，能体会到它的魅力，是因为你了解它，知道它背后的种种故事，知道它究竟伟大在哪里。但如果你从来没有看到过这些东西，从来没有学习过这些知识，那么你看到金字塔的时候还会那么兴奋，那么激动，还能感受到它所带给世界的震撼吗？"

女儿愣了一下，认真地想了很久之后才摇了摇头。我拉着女儿的手语重心长地对她说道："读书和学习能够带给你的最宝贵的东西，不是一份好工作，也不是让人羡慕的财富。它能带给你的，是一个全新的世界，它能让你以不一样的眼睛去看世界，去感受生活。就像如果你没有阅读过有关金字塔的种种知识，它在你眼中也只不过就是一个形状奇特的建筑物罢了。读书和学习能开阔你的眼界和胸襟，能带给你欣赏美好事物的能力，能让你懂得生活的道理……这些比一份养家糊口的工作、一份优渥的薪水更为重要啊！"

在那一晚的谈话之后，女儿再也没有提过以后要辍学做生意的事情了，而我也开始进行反思，如何才能在以后更好地走进孩子的世界，与她共同成长。

现在的成绩，关乎一生的轨迹

在我和女儿讨论关于"读书为了什么"这个问题之后没多久，学校就下达了一项任务，让所有老师给自己班级的学生开一场"学习动员大会"，让同学们能够以饱满的热情迎战即将到来的期中考试。

我们班级的"学习动员大会"依旧采用了以往的班会形式：先由老师提出一个问题，然后学生进行自由讨论和发言，最终再由老师进行总结。

为了契合动员大会的主题，这一次我让同学们思考的问题是：考试成绩到底有多重要？

熟悉我教学理念的人都知道，在学习这件事情上，无论是对学生还是家长，我都始终在强调一点，那就是学习过程中所获得的成长和提高才是学习的最大意义，而不能单纯地以成绩的好坏和考试分数的高低来衡量一个学生在学习方面的成功与失败。简单来说，在学习这件事情上，过程的意义远比结果更重要。但这也并不意味着结果就是完全可以忽略的，毕竟很多时候，最能直观地反映你在过程中付出多少努力、用了多少心思的，正是这个结果。

一开始，同学们的发言主要集中在"成绩好能得到什么好处"这一点上。

比如女生娜娜就说："考试成绩好，可以让爸爸妈妈开心，让爸爸妈妈在朋友面前倍儿有面子。"

调皮的男生陈大勇则说道："成绩好，老师就不会老骂我了，还有我爸，肯定总给我买好吃的。"

学习委员小蒙的回答就特别务实："学习好分班的时候就能进快班，以后考个好大学，找工作也好找多了。"

……

在大家你一句我一句地争相说着学习好能带来的各种好处和利益时，一直没说话的蒋晴同学突然举手站了起来，朗声说道："老师，您以前不是经常告诉我们说，学习最重要的就是能够在学习的过程中获得成长和提高吗？我认为您说得很对，所以我觉得，考试得多少分并不是那么重要，你分数考得高了，未必就代表你知道得多，学得好，可能只是运气比较好，考的知识点都是你看过的呗。所以我觉得，考试成绩没什么重要的。"

蒋晴是班级里有名的"怪小孩"，常常会向老师提出一些奇奇怪怪的问题和想法，有时甚至会把老师问得哑口无言，这其实也反映出蒋晴的确是个喜欢思考并且思维非常活跃的孩子，也正因为这一点，我非常喜欢并且欣赏蒋晴同学。

"蒋晴同学的回答让我觉得很开心，因为她记住了我说过的话，并且对此还进行了自己的一些思考，这一点是非常好的。的确，我数次对大家强调过，学习的意义主要体现在过程而非结果。但即便如此，结果就真的毫无意义、毫不重要了吗？"

我顿了顿，环视了教室一周，又接着说道："就像蒋晴同学刚才说的，考试成绩并不能完全代表你在学习上的收获和进步，运气的成分也占据了一些。但总体来说，在所有能够反映你个人能力和学识的方法中，考试无疑是最直观也最简单的。所以无论是在学校，还是在各个行业，考试都是选拔人才最为重要的方法之一。"

一边说着，我一边走到了教室后面的心愿栏旁，指着心愿栏上贴着的同学们写下的理想和目标继续说道："我们每个人都对未来的自己有一定的期许，蒋晴同学想成为一名心理学家对吧？王浩龙同学写的是想成为一名飞机师，陈湘湘同学想成为一名钢琴家……无论你们未来想进入哪一个行业，想做出什么成绩，决定你们能够走多远的，除了自身的天赋之外，最重要的就是后天所能接触、能拥有的资源。但在这个社会上，人永远多过资源，想要得到好的资源，你就得证明自己在人群中是优秀的、拔尖的，只有这样，你才能打败别人，获得更好的教育、更多的机会，更接近你的理想。刚才我们也说过了，无论是在学校，还是在各个行业，选拔优秀人才、进行资源分配的根据是什么？"

"考试成绩！"

听到孩子们的回答，我点了点头，快步走上讲台，在黑板上写下了一句话："成绩，决定了你与理想之间的距离。"

遇到"学习倦怠期"，怎么办？

前一阵，在参加聚会的时候，我一位朋友万分苦恼地向我诉苦说："我都要为我家孩子愁死了，你说他这马上就要升初中了，自己却还是不慌不忙的，书也不看，题也不做，成天鼓捣些没用的东西。为了让他着点急，我每个周末都把他锁在家里，还把家里的互联网都给掐断了。结果这家伙倒好，睡大觉能睡一整天也不肯起来翻翻他那课本！"

朋友的儿子我也知道，就在我们学校。虽然我没有教过他，但也从其他老师那里听到过关于他的一些事情。他是个非常聪明的学生，但也特别贪玩，成绩总是忽上忽下的，非常不稳定。好的时候冲到过班级前三名、年级前十名，不好的时候，也掉到过二十几名。

像他这样的学生我也接触过不少，这类学生都有一个共同点：思想特别活泛，但也缺乏耐力和持久力。尤其是在进入小学高年级阶段的学习之后，这类学生往往会比较容易进入一个非常特殊的阶段——学习"倦怠期"。简单来说就是由于已经熟悉了学习和考试的各个环节，每天几乎都在重复着大致相同的学习

"套路"，缺少新鲜感的刺激，这类学生对学习的兴趣和对考试的紧张感会急剧下降，于是就像这位朋友说的，他们对待学习会表现得兴趣平平，对待考试也表现得不慌不忙。

于是，在这种特殊时期，许多家庭都会出现这样一种滑稽的现象："皇帝不急太监急"。家长着急忙慌地催着孩子看书学习做题，恨不得一天打三五次电话来询问老师孩子在学校表现如何，而孩子呢，却依旧是气定神闲，该干什么就干什么，一副根本没把这当回事的样子。在这样的情况之下，大部分家长都会和朋友一样，采取"外界施压"的方法来逼迫孩子学习，比如周末把孩子锁在家里，不让他们出去玩；每天在他们耳边絮絮叨叨地讲述小升初考试有多么重要；甚至亲自上阵，盯着孩子做习题，做不完就不许走出房间……

事实上，这样做是非常不科学的，甚至只会适得其反。马上就要面临人生中第一个较为重大的考试——小升初，孩子心里怎么可能不着急呢？但问题是，虽然心里着急，可进入"学习倦怠期"的他们却不知道应该怎样去改变，甚至不知道该怎样提起精神去做些什么，这种时候，如果家长再过分地给孩子施压，不仅对帮助他们调节心理状态毫无帮助，甚至可能会让他们的情绪变得烦躁、焦虑，久而久之就很容易对学习这件事情灰心丧气，最终出现自暴自弃的情况。

上一届我教过的一名学生在进入小学六年级之后也曾出现过学习倦怠的情况，他的父亲所采取的做法就非常值得家长们借鉴：

首先，为了让孩子提升学习兴趣，在一成不变的学习过程中增添新的乐趣，这位父亲每天都会从辅导书上抄录一些较有难度的练习题来和儿子竞赛，看谁能先攻克难题。当然了，大多数情况下，父亲都会故意做孩子的"手下败将"，以此来帮助孩子树立信心，并在胜利的喜悦中重拾对学习的热情。

其次，这位父亲还会经常向孩子"请教"一些问题，比如某句古诗词的解释啊，某篇文章表达的意义啊之类的，好让孩子来过过为人师表、博学多才的瘾，以切身感受学习能够带来的成就感。

最后，为了让孩子能把学习融入生活，而不只是单纯地把学习当成看书做题，这位父亲还常常会在生活中"制造"一些学习的机会，比如见到街上某些店铺的宣传语或广告条幅，会一起和孩子找找看其中有没有错别字；再比如在逛超市的过程中，会向孩子请教一些常用物品的英文拼法等。

我把这一方法分享给了朋友，希望她能顺利帮助儿子一块儿度过这个"学习倦怠期"，重新树立对学习的信心和热情。

染上"学习焦虑症"，应该怎么办？

　　罗皓菱是我班级里一个成绩平平，性格比较内向的男生，属于那种既不给老师惹祸，表现也不特别突出的学生。我注意到他是在某个早上，因为一些事情我比较早到办公室，在路过班级教室的时候，看到他一个人捧着课本在空荡荡的教室里头坐着背英语单词。后来我又留意了几次，发现班里每天最早到教室的学生几乎都是罗皓菱，到了教室之后，他不是读课文就是背单词，有时候也会做习题。

　　大概每个老师对踏实刻苦的学生都会产生些许好感，我也因此开始给予罗皓菱更多注意。但是日子久了之后我却发现，虽然罗皓菱非常刻苦用功，但成绩上却没有什么明显的提高和进步，甚至于他的作业完成情况也不是那么理想，最为突出的一点就是，他的作业书写情况非常糟糕，涂改痕迹十分严重。

　　我决定和罗皓菱好好谈一谈，和他一起找找他存在的问题。有了这个想法之后，我特意在第二天一大早就来到学校，没等多一会儿，罗皓菱果然又是第一个抵达了教室。今天他没有背单词，也没有读课文，而是低着头奋笔疾书地在做抄写，这是头天语文老师留的家庭作业。

我走进教室在罗皓菱身边站了很久，他都没发现我的存在。他做抄写做得非常认真，甚至可以说是过于认真了，一笔一画写得非常慢，而且在写完之后，似乎常常觉得不满意，又拿橡皮擦擦掉重写，尤其是有的笔画较多的生字，抄写一行可能要涂改个五六次，许多地方都因为涂改次数太多把纸张都给擦破了。一边抄写的时候，罗皓菱又一边不停地看表，越是看表就越是着急，越是着急写错或写得不好的地方就越多……

看着他越来越焦虑的样子，我拍了拍他的肩膀，看到我站在身边，罗皓菱非常惊讶。我拿了个凳子坐到他旁边，收走他的橡皮擦之后，示意他继续做抄写。一开始，罗皓菱有些不自在，而且总会不自觉地想要拿橡皮擦涂改，但橡皮擦在我手里，他只好硬着头皮有些不情愿地继续写下去。直到全部抄写都做完之后，我才帮他把本子上写错的几个字擦掉，让他重新写上。

喜欢用橡皮擦不断涂改作业是很多小学生都有的一种坏毛病，有的孩子甚至离开了橡皮擦就没办法做作业了，心理学专家把这种现象称为"橡皮综合征"。很显然，罗皓菱也有这种不良习惯。橡皮综合征严格来说不属于一种疾病，而是一种不良的心理行为和学习习惯，普遍与心理压力太大有关。

此外，我还注意到罗皓菱的课本使用痕迹比其他学生要更明显，不少页面的书角处都有不平整的痕迹，甚至有些起毛现象，像是用手反复抓过许多次的样子。这让我意识到，罗皓菱的心理压力问题或许比我想的还要严重。

在和罗皓菱的交谈中，他向我倾吐了他的烦恼，他说："老师，是不是因为我特别笨，所以无论怎么努力都没办法把成绩搞上去？我觉得压力特别大，特别着急，尤其是看着其他同学都在进步，我自己却……我天天这么努力地背课文，背单词，但不管怎么努力，我就是记不住。别人十分钟就能背熟的课文，我花三十分钟也记不住……我现在越来越怕学习了，但是如果不强迫自己努力，又怕成绩越来越差，我爸妈会特别失望……我不知道该怎么办了……"在说这些话的时候，罗皓菱一直用力攥着自己的袖子口，表现出十分焦虑的模样。很显然，这个孩子现在已经被巨大的心理压力逼出"学习焦虑症"了。

像罗皓菱这样的学生其实大有人在，在学习过程中，总是嫌自己的成绩见效太慢，又总是习惯暗暗与别的同学较劲儿，从而给自己定下许多超出自己承受能力范畴的目标，规定自己必须在多长时间里攻克难关，强迫自己每天必须背多少单词、做多少作业等。当自己定下的目标无法完成时，往往会产生巨大的挫败感和焦虑感，甚至失去对学习的信心，再也提不起对学习的兴趣。

事实上，任何事情都有个循序渐进的过程，尤其是学习。况且从客观条件上来说，每个人的记忆力和天赋都是有差别的，有的人天生记忆力比较好，背诵对于他们来说是件轻而易举的事情。有的人则天生记忆力方面就没有特别突出，如果非要逼迫自己去和记忆力较强的人较劲儿，只会增添无谓的负担和压力。

为了帮助罗皓菱克服这种"学习焦虑症"，我和他父母进行沟通之后，根据他的实际情况给他制订了一个详细的短期学习计划和每日学习目标，清楚地规定他每天只能背多少单词，读多少课文，甚至做多少除作业之外的习题。此外，我还建议罗皓菱的父母在他做作业时收走橡皮擦，等作业全部写完之后再让他统一对错误的地方进行修改，以纠正这种依赖橡皮擦的不良习惯。

后来，我送了罗皓菱一本《龟兔赛跑》的连环画，我告诉他："乌龟之所以能赢兔子，除了因为兔子偷懒之外，更重要的是因为乌龟有持久的耐力，稳扎稳打，按照自己的步调，坚持走到了终点。如果乌龟总是盯着兔子的速度，强迫自己非得像兔子那样去奔跑，那么恐怕爬不了多久，自己就已经累得没有力气再继续走完剩下的路程了。"

不喜欢的科目，更不能置之不理

偏科是学生普遍都存在的一个问题，也是提升成绩的一个巨大阻碍。

一位同学就曾向我反映过，说自己最怕上的就是数学课，一上数学课就感觉烦躁得不行，老师讲的东西根本没法子装进脑子里，尤其是那些什么方程式啊，简便运算啊，乱七八糟的，光看着就令人头痛不已……

这位同学在班上的语文成绩和英语成绩都非常好，唯独数学，每次都徘徊在及格边缘，也正因为这样，他的考试排名始终提不上来。

对于任何一位学生来说，偏科都是提升成绩的巨大障碍。我们知道，考试成绩的排名是要看各科成绩的总和的，任何一个科目成绩不理想，都会对我们的总成绩和最终排名造成影响。这就好像做一项工程，每一个环节都是环环相扣的，如果其中一个环节出了差错，那么无论你其他环节做得有多么好，整项工程也会不可避免地受到影响，甚至可能因为这一个环节的差错而导致整个工程的失败。

虽然就"偏科"这个问题我数次在班会上都向同学们以及家长们强调过，但依然有不少同学和家长都对此感到不以为然。比如之前提到过的那位"谈数学色变"的同学，他就曾在私下里这么对我说过，他说："老师，想要提升总成绩，从我擅长的科目中提升不也一样吗？而且我擅长的科目我学起来也比较轻松，比较快，而不擅长的科目不仅耗费时间，想要提升成绩也比擅长的科目要难得多不是吗？"更可怕的是，他的父母似乎也认同这个观点。

确实，他的说法乍一听似乎挺有道理，但实际上真是如此吗？我们不妨来算一笔账：

假设我们考试的科目有三科，语文、数学和英语，每一科目总分都是100分。那么，如果一名学生，语文和英语都学得非常好，但是数学这一科目学得很糟糕。在考试中，这名学生的数学成绩只能拿到60分，这样一来，即便语文和英语都拿到100分的满分，这名学生的总成绩也只有260分。这就意味着，其他同学只要三个科目的平均分能达到87分，总成绩就能排在这名同学之前。

可见，只有保证各科成绩都均衡，总成绩才能提升上去。况且，就单从提升成绩这一点来看，想把成绩从60分提升到80分，显然要比把成绩从80分提升到100分容易得多。所以说，提升成绩的关键之处，其实恰恰就隐藏在我们不擅长、不喜欢的"薄弱"科目之中，想要让自己的成绩更进一步，最行之有效的方法其实就是，认真学好自己不喜欢、不擅长的科目。所以，作为家长，千万要重视学生偏科的问题，这是学生提升整体成绩的关键。

大部分学生对某一科目的抵触，原因不外乎两种：

一是在学习该科目的过程中，偶然遭遇了困难和失败，导致学生对这一科目失去信心；二是由于不擅长某一科目在某方面的学习，进而对该科目产生抵触心理，甚至全面否定了自己对该科目的学习能力。

可见，很多时候，学生讨厌或害怕学习某一学科，并不意味着他们缺少学习这一学科的能力，可能只是某些学习上的困难或坎坷造成了学生对这一学科的抵触。当然了，每个人都有各自擅长和不擅长的领域，也都有自己发自内心喜欢或不喜欢的学科，但有一点是毋庸置疑的：无论擅长或不擅长、喜欢或不喜欢某一学科，只要认真努力地去学习，是一定可以将这一学科的考试分数提升到某个程度的。

在任何一场考试中，基础题所占的分值通常都在总分的百分之七十甚至百分之八十以上，而这部分的分值与学生在这一学科上是否有天赋是毫无关系的，可以说，任何人只要认真努力地学习过，必然都能拿到这部分分值。

因此，如果你的孩子总是考试不及格，或永远只能在及格线上徘徊，那么千万别再以他"不是学××科目的料"这种话为借口了。如果你的孩子成绩排名始终上不去，单科成绩却能遥遥领先，也别再发出"没有××科目就好了"这种抱怨了。不妨鼓励他们，多拿出一些努力，去好好学习那些他们不擅长，也不喜欢的科目吧，你会发现，孩子们所"痛恨""恐惧""憎恶"的这些"薄弱"科目，其实恰恰正是他们提升成绩的关键所在。

如果想要学习好，就不会学不好

前段时间，我老婆的一位同事把儿子送到了我这里，希望我能给他补补课。老婆同事的儿子名叫林然，今年刚上小学四年级，听老婆说，她这位同事的儿子数学学得一塌糊涂，家里给请过不少补习老师，成绩却始终不见提升。老婆的同事甚至都已经接受儿子"不是学数学的料"这一理由了，结果热心的老婆知道这一情况之后，便主动向那位同事建议，把儿子送到我这里来"试一试"，于是，这位林然小朋友就这样成了我在学校之外的一名学生。

和林然接触没多久我就发现，他是个思维非常活跃，也非常聪明的孩子，按理说这样的孩子在数学方面应该是比较有天赋的，但看他的作业完成情况就会发现，他的数学底子真的非常差，甚至于很多明明白白就写在课本上的定理、公式，他都搞不清楚。

在开始辅导林然之后我就发现，他注意力非常不集中，很容易走神，而且上一秒才讲过的题目，下一秒再问他，又是"一问三不知"的状态。但从记忆方面来说，林然是没有任何问题的，他可以完整地复述出以前看过的一些故事或电影情节，甚至于还能活灵活现地描述出故事中提到的一些细节。而且，在背诵古诗、课文等方面，他也不存在任何问题。可见，林然的数学成绩之所以上不去，很可能不是因为他"学不好"，而是因为他压根儿就没想学。那么，这就是态度问题了。

在小学阶段，大部分学生之所以学习不好，和头脑聪明与否其实关系不大，关键是取决于学习态度。小学阶段的学习主要是打基础，换言之，只要你肯付出努力，认真学习，任何一名学生都是可以取得相对较高的考试分数的。

把学习看作一种兴趣、一种责任，认真主动地学，学习效率自然会提高。当然，这是老师和家长心目中学生们最理想的学习态度，要想让孩子真正养成这样良好的学习态度不是一朝一夕就能做到的，除了需要老师和家长耐心的引导之外，还需要孩子自己思想上的转变。

作为林然的补习老师，我每天和他接触的时间是相当有限的，想从思想上来对他进行改造，让他自觉主动地去学习自己所不喜欢的数学，这几乎是不可能的。因此，我决定采取另外的一种方法，来改变林然在数学学习方面的习惯，从而逐渐培养起他正确的学习态度。

之后，在辅导林然的时候，我改变了之前的方式，不再给他讲课，而是只让他做题，但凡遇到他不会做的，或者做错的题，我也不会再直接给出答案或解题思路，而是告诉他，在课本的哪一页可以找到解题需要用到的相关知识点，让他自己去翻阅课本，解答题目。一开始，虽然已经明确指示出知识点的出处，但林然解题依旧相当困难，不愿自己去动脑筋，后来发现我铁了心不会给他答案和指示，林然才认命般地自己去作答。持续一段时间之后，林然的数学有了明显进步，并在一个半月后的期中考试里首次突破及格线。林然的父母简直高兴坏了，大张旗鼓地请我和老婆吃了一顿"答谢宴"。

我和很多学生家长都分享过关于林然的教学事例，不少人都觉得很不可思议，自己翻翻课本做做题，效果还能好过在补习班里听老师讲课辅导？

　　其实这并不难理解。在生活中，很多人都有过这样的体会：虽然常常坐车到某些地方去，但如果突然有一天，有人让你带路去这些地方，你可能会猛然发现，自己居然完全记不住这些路线；但相反的，假如你是司机，那么你自己开车到过一个地方之后，这条路线便会清晰地印在你的脑子里，在较长一段时间中都记忆深刻。

　　坐车与开车，其实就相当于被动学习与主动学习，这两种完全不同的学习态度直接决定了我们对知识的记忆效果。当学生处于被动学习中时，对知识的接收和记忆效果是非常差的，你找再会讲课的老师来给他讲述再多的知识和技巧，这些东西也都很难在他脑海里留下印象；但如果学生处于主动学习中，那么知识的接收和记忆效果将会大幅度提升，这种时候，哪怕只是翻翻课本做做题，只要是接触到的知识点，都会在学生大脑中留下较为深刻的印象。

　　可见，想要提高学习成绩，端正学习态度才是关键。

别把"读书无用论"灌输给孩子

前几天在开家长会的时候，我首次见到了班上一名女同学卢晓静的父亲，以往来参加家长会的都是卢晓静的母亲，听说她父亲是生意人，平时非常忙碌。而这一次的家长会上，我也的确见识到了这位卢先生的"忙碌"。

每次开家长会的时候，我都会要求大家尽量把手机关机或静音，以免影响家长会的进行，大多数家长在这方面都非常愿意配合，毕竟在他们看来，孩子在学校的表现和学习成绩丝毫不亚于工作的重要性。卢晓静的父亲是第一次参加家长会，大概并不清楚这一情况，会议才刚开始不到五分钟，他的手机铃声就打断了我的发言。后来虽然手机关了声音，但他依然又在家长会上接了三四通电话，最后干脆直接走出教室接电话去了，直到家长会结束也没有再回来。没办法，我只得在家长会结束之后把卢晓静的父亲留下，单独给他开个"小会"，给他讲讲卢晓静近来的一些学习问题。

卢晓静是个性格内向的女生，非常乖巧，一向不会给老师添麻烦，学习成绩也还不错，属于中上水平。这一次把卢晓静的父亲留下来，一方面是要把卢晓静的大致学习情况向他讲述一下，另一方面则是不久之前，教英语的陈老师向我反映，说有段时间卢晓静上英语课老是睡觉，结果一问才知道，原来那段时间她家饭店里比较忙碌，她经常被父母叫去帮忙，晚上回去还得做作业，经常熬到夜里一两点。

卢晓静的父亲证实了这一情况，而更令人惊讶的是，他居然对我说："老师，这女孩子嘛，学习过得去，别被退学就行了，读那么多书有什么用。"

"读那么多书有什么用"，这样的论调实际上并不新鲜，但从卢晓静父亲口中听到这样一句话，依然让我心里不是滋味。对这句话的解读无非有两种：一种就是读书读得多未必就能赚到钱；另一种就是女孩子以后的命运就是结婚嫁人，相夫教子，没必要去读太多书。无论家长是出于哪一种想法说出这样的话，都是对孩子极不负责的想法。

首先，在现代社会，无论男性还是女性，都有追求梦想，选择命运的机会。作为一名现代女性，你可以选择相夫教子，同样也可以选择在事业上打拼，捍卫自己的梦想，这是生而为人最基本的权利。

其次，"读书无用论"的滋生，与人们如何理解成功有着密切关系。一个人如果只懂得狭隘地用金钱来度量人生的成功，那么他自然会将人生中的种种事情都与金钱挂上钩，读书也是如此。但事实上，读书所能带给我们的，却是比金钱更为宝贵的东西。读书能增加人的修养，提升人的气质，改变人的思想，让人拥有独立思考的能力。我一直信奉"知识改变命运"这句话，是因为知识能够从根本上改变一个人的眼界和思想，让人脱胎换骨，从而彻底活出另一个模样。

最后，哪怕从现实的角度去考虑，读书也绝对不会"无用"。没有知识，你或许可以做成小生意，但却永远做不了大生意。在社会上，能够赚大钱的人未必都是高学历的人，但放眼那些能够站在各个领域顶端的人，又有谁是毫无知识、毫无学历的呢？

　　所以，别再说"读书没有用"这种鬼话了，知识是人生最宝贵的财富，也是唯一能够让我们改变自己，进而改变命运的"武器"。

　　与卢晓静父亲短暂的谈话或许并不能改变他的观念，但令我感到欣慰的是，至少我的学生卢晓静还有读书学习的机会，而我也相信，在汲取知识的同时，她也将在成长中学会独立思考，最终树立起自己的世界观与价值观。

"不喜欢学习"，根源在哪里？

有一阵，我们学校一名五年级学生逃学到网吧打游戏的时候，正巧被校长给碰到了，于是那段时间里，校长下达命令，全校老师展开了轰轰烈烈的"清查网吧"行动，不少沉迷于上网打游戏的学生都在那段时间里"落网"了，其中就包括我们班的同学王浩。

王浩是班上有名的"不良学生"之一，让许多老师都头疼不已，他这次在网吧被抓可以说所有老师都并不感到意外。按照学校要求，王浩写了一篇检查上交到我这里，在看他的这篇检查时，我注意到他提及自己在网吧玩的一个解谜游戏。我会注意到这个游戏是因为我女儿有一段时间也玩，这个解谜游戏中涉及不少有关数学的谜题，女儿在玩这个游戏时曾多次向我求助，让我教她如何解题，所以我对这个游戏印象非常深刻。

我把王浩叫到了办公室，还没开口说话，他就熟练地背起了"反省台词"："老师，我知道错了，我不应该去网吧玩游戏，不应该辜负老师和家长的信任，让大家为我操心，我保证以后再也……"

"行了行了，这句台词上次已经背过了，背得再熟练，行动上不落实，有什么用啊？"我打断了王浩，摆摆手示意他坐到一边的椅子上，然后开始随意地问了几句关于他玩游戏的事情。

一开始，王浩还吞吞吐吐，嘟嘟囔囔的，像是怕我从他嘴里套出什么新的"罪行"，后来见我始终一副和颜悦色的样子，王浩才开始慢慢放下了戒心。让我颇为意外的是，王浩玩这个游戏的通关分数比我预想得要高得多，他对其中涉及的数学谜题也十分有兴趣，这可是和他上数学课的状态全然不同啊！

我很好奇地问王浩："你说你这脑袋挺聪明，游戏里这么难的题目你都能解出来，怎么就不肯花点时间和精力在学习上呢？"

王浩皱着眉，为难地说道："老师，我真不是学习的料……我就不喜欢上学读书，我讨厌学习……"

"那你给我说说，你为什么讨厌学习？"

踌躇了许久，王浩才回答说："我也不是没想过努力，但就是学不好，一看书就觉得烦。看别人学得挺容易，但一到我自己就不行，老师也常常批评我，父母也总是责怪我……总之，我就是不喜欢学习。"

听王浩这么说，我想了想，拿出一张早已准备好的纸来，上面写了三道数学应用题。我把纸递给王浩，让他先把这三道题目给做了。王浩一脸不解地看看我，拿起桌子上放着的笔开始解题。不一会儿，就见王浩一脸挫败地把笔一放，懊恼地说道："老师，我不会做。"

我拿过笔，在题目上稍微改动了几点，然后又把题目推到了王浩面前："现在你再看看，你真的不会做吗？"

王浩看了看我改动的部分，过了一会儿有些惊讶地看着我说道："哎——老师，这个不就是那个游戏里的……"

"是啊。"我点点头，"这是你玩的那个游戏里的题，我只是稍微改动了一下表述方法。这一关你已经通过了，说明这几道题你是解出来过的。为什么现在又说不会解答呢？"

王浩挠挠头，不好意思地说道："我没好好看题目，没看出是那道题。"

"明明是同样的题，出现在你喜欢的游戏里，你就能解答出来，而出现在试卷上，你却反而不会解答了。王浩，你好好想想，这是为什么呢？你总说自己不是学习的料，不喜欢上学读书，但在你喜欢的游戏里，同样是数学题，怎么你却能做得津津有味呢？"

看着王浩一副若有所思的样子，我接着说道："王浩，你是个很聪明的孩子，你不是学不会，你只是心理上抵触去学习。如果你从一开始就抱着'不喜欢学习''讨厌读书'的心态来上学，那么又怎么可能学得好呢？无论做任何事情其实都一样，你得先去喜欢做这件事，才能得到一个好的结果。就像这道题一样，当它出现在考试卷上时，因为你对考试这件事有所抵触，所以你甚至没有经过思考就直接否定了自己；但当它出现在游戏里的时候，因为你喜欢游戏，你有通关的渴望，所以你开动脑筋解决了它。归根结底，这其实都是你的心态问题。你得去喜欢学习，这样才能让学习喜欢你。"

名牌算什么，学识才值得炫耀

一位学者说："这是一个炫富的时代。"不管在新闻里、网络上还是各种社交网站，每天我们都能看到无数人在炫富，豪车、豪宅、名包、名表……这些代表着金钱与物质的东西充斥在我们生活中，推动着无数人的攀比之心。更为可怕的是，这种偏颇的价值观甚至已经影响到了许多本该天真无邪的孩子，让原本该是知识殿堂的学校，也日渐被物欲所侵蚀。

之所以有这样的感慨，还要从不久前我在班级里偶然听到的一次争吵说起。那是在全校大扫除的时候，发生争吵的是劳动委员陈莹莹和新转来不久的同学李芳菲。这场争吵的缘由是陈莹莹安排李芳菲和几个同学一组，负责打扫厕所的工作，李芳菲不愿意，于是就和陈莹莹吵起来了。

通常这种学生之间的小摩擦我都不会直接插手，但让我有些在意的是，在争吵中，我突然听到李芳菲高声对陈莹莹说了一句："不就是个劳动委员么！还真当自己是什么大人物啊？凭什么我要听你这个穷鬼的安排？你知道我这鞋多少钱吗？让我去洗厕所，弄脏了你赔得起吗？你以为都像你那破鞋啊，都穿多久了。

我告诉你，你别惹我，我爸可是……"

李芳菲的父亲是我们当地很有名的一个大老板，关系背景非常深厚。而陈莹莹的家庭条件则困难得多，母亲是普通工人，父亲在她很小的时候就因病去世了。也因为这一情况，所以平时陈莹莹就表现得比较自卑。而现在，李芳菲的这一番话，可想而知会对陈莹莹造成多么严重的伤害。为了避免事情进一步恶化，我及时喝止了李芳菲，并把她们俩都带到了办公室。

提到刚才吵架的事情，李芳菲依旧一副盛气凌人的样子，理直气壮地说道："老师，我又没说错，我的鞋好几百块呢，弄脏了可怎么办……"

我想了想，笑着对李芳菲说道："广场新修的那个水舞喷泉，你去看过吗？"

"当然看过了。"李芳菲点点头，疑惑地看着我。

"修那个喷泉，花了将近一个亿呢，能买你这鞋好多好多双了吧？"我继续笑着说道。

听到这话，李芳菲瞪大眼睛看着我问道："老师，那是你们家出钱修的吗？"

我摇摇头："不是啊，我哪有这么多钱。"

李芳菲一愣，有些莫名其妙地看着我。我指了指她脚上穿的鞋，说道："你穿的鞋也不是你自己买的啊！"

"可这是我爸给我买的。"李芳菲嘟着嘴，一副气呼呼的样子。

"你的父亲确实是个非常成功的商人，"我认真地看着李芳菲说道，"但是，在你父亲的成功里，你有贡献过什么，出过什么力吗？"

李芳菲一愣："老师，我能出什么力啊？我年纪还小呢！"

"那我再问你，假如你不是你父亲的女儿，换个其他的女孩来当你父亲的女儿，他今天的成功会受到任何影响吗？"

听到这话，李芳菲愣住了，过了半天才迟疑地摇了摇头。

我看看她，又看看依旧低着头的陈莹莹，继续说道："所以，芳菲，你父亲的成功和你有什么关系呢？你用你父亲的成功作为炫耀的资本，和老师用别人修建的喷泉来炫耀，有什么不同吗？"

李芳菲看着我，半天也没说话，陈莹莹也缓缓地抬起了头。

我继续说道："在这个世界上，真正值得我们每个人骄傲的，只有通过自己努力得来的东西，因为也只有通过自己努力得来的，才是真正属于自己的，谁也拿不走。别人给予的东西，再好也是别人给予的，一旦别人收回，就再也不属于你了。你身上的名牌，你口袋里的钱财，随时都是别人可以拿走、夺走的，这些东西有什么好炫耀的呢？在这个世界上，唯有一样东西，是你通过自己的努力可以得到，而且也没有任何人能够夺走的，你们知道是什么吗？"

李芳菲和陈莹莹对望了一眼，迟疑了片刻才开口道："知识？"

我点了点头："对，知识。知识不会因为你有富有的家庭而青睐你，也不会因为你贫穷而不愿与你为伍。比起父母给予你的名牌，你通过自己努力所得到的知识难道不更值得你炫耀，更值得你骄傲吗？你的出身，你的家庭，就像抽奖一样，是命运给你安排好的，与你自身的能力毫无关系，在这里，真正能够证明你有多优秀的，只有知识和成绩。"

结束这场谈话之后，我心中五味杂陈，在物欲横流的今天，我只希望还能守住孩子们心中一片净土，让他们真正明白学习的意义和知识的宝贵。

所谓天才，就是强烈的兴趣和顽强的入迷

要取得好成绩，理想很重要，兴趣也很重要。

每个人都有自己的偏好，孩子可能不愿学习某一门课程，那是因为他对它兴趣不大。"兴趣是最好的老师。"培养孩子的兴趣和爱好，他就迈出了自主学习的一大步。他就会勤奋地学习，努力学习，刻苦学习，去实现自己的理想。学业之精深就在于此。

学习与兴趣未必就是 "冤家对头"

所有家长都希望自己的孩子能够学习优秀，兴趣广泛，德、智、体、美、劳全面发展，这的确是个很完美的愿望，但也正因为完美，所以想要达到往往极其艰难。在现实里，学习与兴趣之间常常不可避免地产生碰撞，需要我们去抉择，究竟应该站在天平的哪一端。有一次，我的学生罗萌就因为这事闹出了不小的风波。

罗萌是个很腼腆的学生，平时非常乖巧，很少因为什么事情闹脾气，在班上成绩属于中上水平，是那种让老师很省心的孩子。有一次，罗萌没来上课，她母亲打电话给我，帮她请了两天病假。孩子生病请病假是很正常的事情，一开始我也并没有放在心上，直到三天以后，罗萌的母亲突然急匆匆地跑到学校找我，让我帮忙询问班上同学罗萌的下落，我才知道发生了什么事情。

两年前，为了让女儿不落人后，多掌握点技能以提升竞争力，罗萌的母亲一气儿给罗萌报了四五个兴趣班，舞蹈、钢琴、绘画、书法、英语，应有尽有。后来由于时间实在安排不过来，加之罗萌兴趣也不大，几个兴趣班都陆续停了，最后只保留了一个舞蹈班。

一开始，报兴趣班就是罗萌母亲拿的主意，并没有询问过罗萌的意见，但经过两年的学习之后，罗萌却打从心底喜欢上了跳舞，用来练舞的时间和精力也越来越多，甚至影响到了学习成绩。上次月考成绩出来，一向保持在中上水平的罗萌成绩排名突然掉到了中游水平，加之其他科任老师也向我反映过，说罗萌最近状况不太好，上课常常打瞌睡，因此，在开家长会的时候，我特意把罗萌的母亲留下来谈了谈。结果，谈完话之后，一回去罗萌的母亲就提出，要把舞蹈兴趣班给停了，给罗萌报补习班。可没想到，平日里乖巧的罗萌这一次却犯了倔，死活不肯放弃跳舞，也不愿意去上补习班，甚至放话，说自己以后不考大学，要去做一名专业的舞蹈演员。就为这事，罗萌和她母亲冷战了近一个月。

罗萌的母亲是个性格比较强硬的人，眼见没办法和女儿讲道理，她干脆直接就把罗萌的舞蹈课程给停了。为了抗议母亲的"暴行"，罗萌便开始"罢课"，死活不肯上学。本以为女儿就是要小性子，哭闹个两天就没事了，所以罗萌母亲干脆给我打电话替罗萌请了"病假"。谁知道，还没两天，罗萌母亲下班回家却发现女儿不见了，餐桌上留了个字条，就写着一句话："爸爸妈妈，我决定离开这里，去追寻自己的梦想。"罗萌母亲打遍了所有亲戚的电话也没找着女儿，这才急急忙忙跑学校来了。

这起离家出走事件引起了不小的风波，好在我们很快就在一个同学家找到了罗萌。针对这一事件，学校给全体老师召开了一个紧急会议，之后各班老师又分别召开了班会和家长会，希望能杜绝此类事件的发生。

在完成学校的要求之后，我又额外在班级里组织了一场座谈会，让家长和孩子共同出席，探讨一个主题：如何在学习与兴趣之间取得一个平衡？

首先，我们要明确一点，学习与兴趣之间未必就一定是对立的。学习最重要的目的和意义不是考试取得一个好分数，而是要让孩子能够通过学习来获得成长，将来更好地适应这个社会。而兴趣的培养很显然对这一目的是有巨大帮助的，并不会成为孩子未来发展的阻碍。当然，人的精力和时间都是有限的，当你对某件事情投入过多的时间和精力，那么对其他事情可能就会有些力不从心了，因此难免需要做出一些取舍。这就要提到第二点了。

在做出取舍的时候，绝大多数家长自然都会选择学习而非兴趣，毕竟从一开始，谁为本、谁为末，家长心中都是非常明确的。但需要注意的是，成绩固然重要，也不能罔顾孩子的意愿，如果孩子真心坚持一个兴趣，作为家长也该考虑以尊重孩子的意见为主。试想一下，假如今天提出想结束兴趣班的是孩子，那么家长可能会认为孩子没有长性，不能坚持，最后很可能会极力说服甚至强迫孩子继续学习下去。而如今，在孩子不愿放弃的情况下，家长却要求孩子放弃，是不是也是一种半途而废的示范呢？

最后，是想对所有孩子说的，作为学生，学习是一项不可推脱的责任，在发展任何爱好之前，首先要能承担起自己的责任。况且，学习与兴趣之间是一种相辅相成的关系，努力学习往往可以为你提供一个更好的平台来发展兴趣。就像罗萌，即便她梦想成为一个舞蹈家，也不意味着她就得放弃学习，相反的，学识越丰富，你才越能理解一些作品的意义和内涵，也才能更好地将其融入舞蹈，为你的舞蹈注入动人的情感和灵魂。

有目的的学习，会让人顽强入迷

喜欢、爱好主要都是源于快乐的情感体验。比如有的人在吃到美味的食物时感觉到快乐，那么这个人必定会爱上"吃"这件事；有的人通过玩游戏体会到快乐，那么这个人显然就会喜欢上玩游戏这件事；有的人在运动中能获得快乐，那么这个人就会自然而然地坚持运动……相应的，我们如果想要让孩子喜欢学习，爱上学习，愿意主动学习，那么首先就得让孩子体会到学习的快乐。

杭澄是我曾经教过的一名学生，在刚入学的时候，他是个非常贪玩、对学习毫无兴趣的孩子，每天上课的时候，老师在讲台上讲课，杭澄就看着窗外发呆，每次提醒他不超过五分钟，就又故态复萌了。

我向杭澄的父亲反映了这一情况，杭澄的父亲也想尽办法配合学校对杭澄进行管理和教育，但似乎一直都没有成效。直到有一天，我惊讶地发现，杭澄竟十分难得地认真听了一节课。之后，杭澄就像变了一个人似的，不仅开始认真听讲，就连课后作业也都主动完成了。

杭澄的改变令我感到非常惊讶，在一次家长会上，我邀请杭澄的父亲和大家分享一下他教育孩子的"秘诀",也希望其他的家长能够从中得到一些启发。

站上讲台之后,杭澄父亲开始向我们讲述他究竟是如何改变杭澄的:

"一开始,老师跟我反映杭澄的问题时,我也很无奈,在家里说也说过了,骂也骂过了,但就是没有什么用。直到有一个周末的时候,我看到杭澄坐在窗子边上折纸飞机,我当时灵机一动,就把他叫过来问:'你是不是特别喜欢飞机啊?'

"听到我的问题,杭澄很果断地点点头回答说:'是的,我以后长大了要去开飞机,做一名飞行员!'

"我听到杭澄的话觉得很开心,一个人最怕就是连梦想都没有,有梦想那就好办了,肯定会有学习的动力!于是我就问他:'开飞机是个很厉害的事情,但是你有没有想过,要怎么样才能成为一名飞行员呢?'

"杭澄有些迷茫地看看我,然后摇摇头,我又继续对他说道:'开飞机可是很难的,你想做飞行员,你就必须成绩很好才行,不然学校不会录取你,也不会教你开飞机。'

"听了我的话,杭澄自己想了一会儿,就主动来跟我说:'爸爸,你放心吧,我一定会好好学习,然后考个好成绩,让学校录取我的,然后以后我就能做飞行员了!'"

确实,就如杭澄父亲所说的,只要有梦想,那就不怕了,孩子肯定能学好!梦想的力量是超乎想象的,当孩子心中抱持着一个强烈的梦想时,那个梦想就如同一个吸引人的宝藏一般,源源不断地刺激着孩子的热情和希冀,促使他们不断朝着梦想所在的方向前行。

而对于大部分孩子来说,连接梦想的往往正是这条让他们感到痛苦不堪的求学之路。在没有梦想的时候,这条路于他们来说只有压力、痛苦和枯燥,但一旦前方有了渴望,一切就又都不一样了,哪怕这条路依然还是那条他们所惧怕、所不喜的路，但每次只要向前走一步，就意味着距离自己的梦想又近了一步，这是一种难以言喻的幸福与期待。在这样情绪的推动下，即便没有家长和老师的催促，孩子也将甘之如饴地踏上这条求学之路。

当然，面对有梦想的孩子，我们可以用梦想来激励他，让他因梦想而踏上学习之路。但如果孩子自己都还没有确定自己的梦想是什么，我们又该如何来引导他们爱上学习呢？关于这个问题，付玲玲母亲的做法就非常值得我们借鉴。

付玲玲是个相当喜欢看电视剧的孩子，尤其是古装电视剧，每天放学一回家，坐在电视面前就根本挪不开屁股了。为了这件事，付玲玲的母亲没少对她发火，但每次除了争吵之外，并没有任何作用。

后来付玲玲的母亲左思右想之后，决定改变策略，她开始和女儿一起看电视，并在看的过程中时不时故意冒出几句：

"我记得上次看过一本书，上面说那个朝代不是这个样子的……"

"对了，这个电视剧里的这个人历史原型好像是那个谁……"

"我记得有本书上写过这个故事来着，被编剧改得乱七八糟……"

付玲玲母亲"偶然"说出的这些话勾起了付玲玲的好奇心，她开始对这些历史类的书籍和资料产生了兴趣，后来在母亲的帮助下，付玲玲从图书馆借到了不少这方面的书，并且看得津津有味。

现在，付玲玲的语文成绩有了突飞猛进的提高，而付玲玲的母亲则正在计划着，如何提升女儿的数学成绩和英语成绩呢！

把"讨厌"的学习变成一种游戏

为了激发学生们的学习兴趣，提升学习热情，我在班级推广了一个"游戏"：

以每个学习互助小组为单位，每组每天根据当天所学的内容选出一道习题，统一上交到我这里，然后我会把所有汇总到的习题都写到黑板上，并给出一定的时间限制，在规定时间内，每完成一道习题的小组就能得到1分，以此类推。每两周我们会在班级里公布一次各个小组累计得到的分数，并根据分数多少进行排名。获胜的小组可以在大扫除中得到一些"特权"，比如率先选择打扫项目等。至于失败的小组，那当然就只能在大扫除中承担其他人不愿意做的事情了。

虽然同样是做题，但以这种游戏的形式，显然更能调动学生的积极性，同时也为学习的过程增添了不少乐趣。而说起设计这个游戏的灵感，主要还是来自我曾经在家和女儿之间展开的"斗智斗勇"。

女儿刚上学那会儿是非常不喜欢做作业的，每天回去不经过三催四请绝对不可能打开作业本。为了提升女儿对学习的热情，同时也是为了化解她对作业的反感情绪，我那段时间真是绞尽脑汁。

有一次，我无意中在一本书上看到，说做题其实和玩游戏有许多相似的地方，比如都是要求学生（玩家）得到尽量高的分数，获得足够的经验值，从而进行过关升级。女儿很喜欢玩游戏，于是我就在想，如果能把做题包装成为一个"游戏"，那么是不是就能提升女儿对学习的兴趣呢？

为了让女儿加入到这个做题游戏中来，一开始我把电视的遥控器藏到了书架的某一格里，在不同的格子上方贴上便签，上面分别写有不同的答案，然后再把写有题目的字条交给她，解出正确答案之后才能拿到遥控器。

在女儿"被迫"加入这个游戏之后，我开始逐渐提升游戏的复杂程度，增加游戏的环节。比如一开始女儿只要答对一道题就能拿到遥控器，而现在，她在答出题目之后，将会拿到下一个线索，以此类推，最后才能拿到"宝藏"。

在这个游戏的帮助下，女儿逐渐消除了对作业的抵触情绪，尤其是在后来为自己树立了理想和目标之后，女儿已经能够自觉主动地完成学习任务了，不需要我再为她绞尽脑汁，设置新的学习"刺激"。

好奇本是孩童的天性，而学习显然也是能够满足好奇心理的有效途径之一，但为什么大多数孩子却都讨厌上学，讨厌学习呢？其实说到底还是大人的引导出了问题。

我有个小侄女，小的时候特别喜欢画画，经常是给她一支笔、一张纸，她就能自己安安静静地在那儿画一整天。后来她父母给她报了个绘画班，一开始她非常开心，对学习绘画有着极大的热情。但到后来，大概为了帮助女儿成才，她父母开始强制规定她每天必须做多少练习，每周必须完成多少张画，每个月必须在哪些方面获得提升……久而久之，小侄女开始讨厌绘画这件事情，后来和家里大闹一通之后离开了绘画班。

苏霍姆林斯基说过这样一句话："世界在游戏中向儿童展现。"

教育学家陈鹤琴也说过："小孩子是生来好动的，是以游戏为生命的。"

当孩子曾经视为游戏的兴趣变为一种强制性的任务之后，孩子对这一兴趣的热情很快就会消失殆尽。那么相应的，如果能将孩子原本讨厌的任务变为一种游戏，那么孩子很可能就能欣然接受这个"游戏"了。

可见，对于孩子来说，他们真正抵触和讨厌的，并不是学习本身，而是被人们限定在条条框框中，充满了强制性和任务性的行为罢了。

试试鲇鱼效应，将好胜心激出来

我一直笃信，人只有处在竞争中，才能不断地获得进步和提升。

心理学上有一个定律叫作"鲇鱼效应"：据说挪威人都非常喜欢吃沙丁鱼，尤其是活鱼，活的沙丁鱼在市场上能卖到很高的价钱，所以渔民们总是想方设法地在捕获沙丁鱼之后让它们活着回到港口。但是不管怎么努力，每次回程途中，依然会有大批的沙丁鱼窒息而亡。但其中有一条渔船却总是能带回大量活着的沙丁鱼。他们是怎么做到的呢？原来每次在捕获到沙丁鱼之后，这条渔船的船长总是会在水槽中放几条以沙丁鱼为主要食物的鲇鱼，鲇鱼一进入水槽之后便会四处游动，而沙丁鱼们为了保命，也只得拼命躲避，加速游动，就这样，沙丁鱼缺氧的问题便迎刃而解了。

很多时候，人之所以失去前进的动力，只是因为缺少一点刺激和一点危机感。就像跑步，如果只是让你一个人绕着操场跑，你的速度可能很难快起来；但如果是一场比赛，让你和别的人一起跑，那么为了获得胜利，你自然会拼尽全力；假如说在你身后放一条饿狼，让它追着你跑，那么我相信，为了逃命，你大概会突破极限，跑出连自己都不敢相信的速度。

学习是一个非常漫长的过程，在这个过程中，每个人都难免会经历倦怠期，失去对学习的激情和对目标的追寻。在这种时候，无疑就需要"鲇鱼"来刺激一下，激活学生们内心的那种紧张感和危机感，迫使自己继续前进。

张鹏程同学的进步实际上就是"鲇鱼效应"所带来的积极影响。

纵观张鹏程同学自入学以来的种种表现，我发现他虽然不是班上成绩最好的学生，但绝对是进步最惊人的学生。

刚入学的时候，张鹏程的学习成绩还很一般，在班上也就是中游水平。但到二年级以后，张鹏程便开始有了惊人的进步，班级排名从中游水平直接挤入了前十名。到三年级的时候，他已经基本上把名次稳定到了前五名。

那么张鹏程同学究竟有什么秘诀，是如何获得如此惊人进步的呢？其实关键还在他的同桌小蒙身上。

小蒙是张鹏程的好朋友，两人家住同一个小区，又正巧在同一个班，还是同桌。关系相近的两个人，难免总是会被放在一起比较，而对于张鹏程来说，小蒙就是典型的"别人家的孩子"，头脑好，学习棒，还有时间去发展"多才多艺"项目。

大概因为总是被放在一起比，张鹏程心中一直都存着一个渴望：超越小蒙。正是在这种渴望的刺激下，张鹏程一直努力奋斗，刻苦学习，这才让原本平平的成绩有了突飞猛进的提升。

张鹏程说："每次当我想放下手里的书出去玩的时候，我就会想，小蒙在做什么？是不是正在努力用功呢？如果比我优秀那么多的他都在用功，而我却出去玩，那么我凭什么还指望有一天可以超越他呢？"

就是抱持着这样的想法和危机感，张鹏程才能像水槽里的"沙丁鱼"一样，拼命地游动，让自己获得了惊人的进步。

在学习的道路上，给自己找一个竞争对手，无疑正是鞭挞自己前进的最有效方法之一。人都是有好胜心的，当你一个人在做某件事的时候，由于没有其他人和你展开竞争，你可能对得失便不会那么在乎。但这个时候，假如突然有一个人加入，和你一起做同样的事情，那么你的斗志很快就会被激起来了。

学习也是同样的道理，在没有竞争对手的情况下，在漫长的学习过程中，学生很容易就会失去目标和动力，觉得越来越没劲，久而久之甚至可能失去对学习的热情。但如果此时，学生有一个竞争对手，一个只能看着他背影，跟在他身后前进的人，那么情况就完全不同了。好胜心会激起学生的斗志，让学生试图去超越他，在这种心情的激励下，学生势必会更加勤奋，坚持不懈地奋斗，将自己的精力与热情全部释放出来，久而久之，成绩自然就能够得到提升。所以，当发现孩子陷入懈怠期时，家长不妨引导孩子去给自己寻找一个竞争对手，让彼此能够共同努力，共同进步。

满足孩子"好为人师"的小心思

前几天，我接到一位学生家长的来电，这位家长表示，对我在班级建立"学习互助小组"这件事非常不满。原因是他的孩子学习成绩比较好，加入这种小组非常"吃亏"，相当于是牺牲自己的学习时间免费去给学习不好的学生"补课"。

当然，最终这件事情很快就解决了，学习互助小组也没有受到任何影响。但我不知道，还有多少人是有和这位家长一样的想法的，觉得在学习互助小组中，成员的"获利"是单向的。

其实，很多人可能都没有注意到一个问题，不论是大人还是小孩，其实都是"好为人师"的。比如我那个懒得动脑筋的侄子明峰，却乐意主动"指导"隔壁的小女孩小果橙拼拼图；班长段晓峰虽然"嫌弃"他的两个组员，却依然愿意担任起"管教"和"指导"他们学习的工作。至于在生活中，这种"好为人师"的现象就更是不胜枚举了。

这种心理其实并不难理解，每个人都有想要得到他人肯定，想要证明自己价值的渴望，而当你发现自己能够在某件事情上成为他人的向导，或者他人因某些需要而向你寻求帮助时，这无疑正是获得肯定和证明价值的最佳途径之一。

很多孩子都玩过上课的游戏：由其中一人扮演老师的角色，其他人则扮演学生的角色，就此拉开"起立——老师好——同学们好——请坐——"的游戏序幕。每当玩这样的游戏时，老师这个角色往往是最抢手的。可见，对于孩子来说，能够当老师，是一件颇具吸引力的事情。而除了这种心理上的满足之外，教别的同学做题，帮助别的同学学习，其实也是一种主动学习的过程，能够帮助学生对学过的知识点进行更好的巩固和记忆。

有这样一个故事：

一位从来没上过学的农民，把自己的两个孩子都送进了重点大学，很多人都觉得非常惊诧，纷纷询问农民究竟有什么教育孩子的绝招。农民的回答出人意料，他说："事实上我并没有什么绝招，我只是让孩子把在学校学会的东西教给我罢了。"

可见，让孩子做"老师"，实际上不仅不会浪费孩子的学习时间，反而在很大程度上来说，是可以调动孩子的学习积极性的。那么，扮演"老师"这个角色对于孩子而言到底都有什么好处呢？

首先，通过扮演"老师"的角色，孩子的个性可以得到充分发展，自信心也将获得提升。而在教的过程中，孩子还能获得难以言喻的成就感，从而提升对学习的热情，对往后的学习有着积极的影响。

其次，在教与学的互动中提升逻辑能力和口语交际能力。在教学中，教往往比学要更难，因为教的人除了要对知识有一定的掌握之外，还必须有清晰的逻辑和良好的口语表达能力，否则是很难让听的人明白你所要表达的意思的。因此，在学习互助小组中，扮演"老师"角色的学生，实际上要比接受辅导的学生受到更多的考验和训练，而在这种考验和训练中，学生的综合能力也将得到进一步的锻炼和提升。

最后，增强学生独立思考的能力，并让学生在教的过程中学会"如何学习"。陶行知先生说过这样一句话："我以为好的先生不是教书，不是教学生，而是教学生学。"最好的教育方法不是教会学生某项知识，而是教会学生怎么去学习知识，只有让学生学会探索和应用知识的方法，才能让他们今后懂得如何进行独立的学习，从而不断获取到新的知识，取得新的进步。

有点"红眼病"，也可以是好事

前两天，老婆下班刚一回家就愤恨地和我数落她一个同事买了新车显摆的事，老婆表示，等过段时间奖金下来之后，也要把家里的老爷车给换了；女儿放学回来之后也开始数落，说班上她最讨厌的那个男生成天显摆要去看明星演唱会的事，女儿表示，明天要把她上次去埃及和狮身人面像合照的照片带去，让他们看看什么叫霸气，挫挫那小子的锐气……

听着这母女俩愤恨的数落声，我突然意识到，显摆这件事还真是能激起人的斗志啊。显摆自己的人能在显摆的过程中找到成就感，而那些被迫"观看"显摆的人，则会因愤恨而激起斗志，甚至想尽办法要去"打"显摆者的脸，狠狠给予还击。那么，如果这件事能利用在学习上，是不是也能起到相应的效果呢？

在产生这个想法之后，利用班会时间，我在班级里搞了一场十分钟的"显摆汇报活动"。活动内容很简单，由各个学习小组分别汇报这一周的学习成果。但汇报的形式和以往有些不太一样，比如我们让A小组先汇报一个这周内他们最引以为傲的成果，这个成果涵盖范围就很广了，可以是小组成员在一周内一共做了多少习题，或者解决了某一道特别困难的题目，或者背诵了多少个英语单词……总之，只要是和学习有关的成果，都可以拿出来做汇报。

在A小组抛出一个成果之后，其他小组可以主动举手进行"挑战"，即说出一个自己小组做到的，比A小组更厉害、更值得佩服的成果，由其他同学来"投票"，决定是否"挑战"成功，然后再由下一组主动进行"挑战"，以此类推，直至选出"最佳学习成果小组"。

这个"游戏"将班会的气氛推至了高潮，不少同学在班会结束后都表示，为了在下周的班会上"夺魁"，要加强学习小组的任务难度。那段时间，班上学生们的学习积极性都有了非常明显的提高。

显摆所能带给人们最直观的感受就是——成就感！

成就感实际上是一种积极的情绪体验，这种情绪体验能让人们觉得自己获得了认可，实现了自我价值。当学生通过学习取得一定的成果，达成一定的目标后，会因愿望的实现而产生满足感，这种时候，如果因达成目标而受到鼓励或表扬，则会进一步加强这种成就感体验，并产生出一种持续追求满足的需要，进而加强对学习的兴趣和动机，从而促使学生再一次努力，去获取下一次的成功。可见，成就感的培养对学生的学习是有非常积极的促进作用的。那么，在生活中，我们可以通过哪些方式来帮助孩子找到学习带来的成就感呢？

第一，为孩子设立一个可实现的目标，让孩子体会成功的感受。

要让孩子在学习中体会到成就感，就必须给孩子一个可以成功的机会。比如可以通过和孩子打赌，或者做游戏等方式，来人为地为孩子设立一个学习目标，让孩子通过自己的努力去达成这个目标，从而感受成功带来的喜悦。

第二，淡化分数和结果，让孩子享受过程的体验。

长期以来，学习这件事之所以一直受到孩子的排斥，很大一部分原因就是家长往往喜欢把学习和分数、升学等极具功利性的结果联系在一起，让孩子在学习的过程中背负上了巨大的包袱。在这种沉重的压力之下，孩子不喜欢学习，甚至厌恶学习也是很正常的。

因此，想要让孩子在学习中感受到乐趣，我们就必须淡化分数和结果的重要性，引导孩子感受学习本身所能给他们带来的收获与进步，让孩子从学习这个过程中获得成就感，从而喜欢上学习这件事。

第三，以鼓励代替批评，用赞美激发成就感。

我曾数次强调过，在小学阶段，孩子对世界、对自己的认知都还不完整、不成熟，他们的信息来源主要就是极具权威性的父母。因此，父母的一言一行，以及父母对他们的评价，往往都会成为孩子心中的一个"标尺"。简单来说就是，父母如果总是贬低批评孩子，那么孩子潜意识里就会认为自己是个不优秀的人，从而失去自信，甚至于在不知不觉中真的变成父母口中所批评的那种人；但假如父母给予孩子的是赞美和鼓励，那么孩子心中对自己的评价也会相应升高，自信心也会更加充足，在不知不觉中变成一个优秀的人。此外，赞美和鼓励往往也是激发成就感最有效的方式之一。

永远不要丧失有趣的好奇心

很多学生家长都问过我这样一个问题："老师，为什么明明在同一个班级，有的孩子除了书本上的东西，什么都不知道，而有的孩子却能像'百科全书'一样，涉猎到这么广泛的知识面？"

在回答这个问题之前，我先说说前几天发生的一件事：

那天为了准备校庆表演时需要用的道具，我和班上几个同学在学校待到天黑才离开，联系好他们的父母之后，我带着几位同学一起走到校门口去等父母来接。当时天已经黑了，学校道路两边的路灯都已经点亮，我们沿着小道往前走的时候，其中一位同学突然跑过来拽住我的袖子，左顾右盼半天之后，疑惑地问我说："老师，每个人应该都只有一个影子吧？可是为什么我们这里一共才五个人，地上却有这么多影子呢？"

听到这位同学的话，其他学生也都兴致勃勃地凑了过来，在地上又蹦又跳地踩那些影子。

我没有直接回答这个同学的问题，而是告诉他："老师记得你有一本《十万个为什么》对吧？上次班上读书交流会的时候你还带来过。这样吧，回去以后呢，你自己去里面找找答案，然后告诉老师，这究竟是为什么，好吗？"

第二天一大早，这位同学果然兴冲冲地跑来找我，告诉了我昨夜他回家之后翻了许久书才找到的答案：因为路灯从多个不同角度照到人的身上，所以人也就从各个不同的角度产生了许多影子。

除了这位同学之外，昨晚还有三位同学也在场，但他们在回去之后都没有查阅过有关这个问题的答案。在这位同学找到答案之后，那三位同学中，有一位主动询问了这件事情，另外两位同学则大概已经把这个问题抛到九霄云外去了吧。

通过这件事，我想家长们所好奇的那个问题的答案已经显而易见了吧。孩子们知识面的涉猎究竟有多广，主要取决于他们对这个世界的好奇程度。如果一个孩子对所见所闻的一切都充满好奇，非要打破砂锅问到底，那么他所收获到的知识自然也就比其他人更多一些；如果一个孩子无论见到什么都无动于衷，那么很显然，除了摆在他面前需要学习的东西之外，其他东西也就进不了他的脑海了；还有一些孩子，对许多东西也都存有一定的好奇心，但好奇的程度并不深，所以在还没有得到答案之前，就已经把这个问题抛诸脑后了。

我们说兴趣是最好的老师，当一个孩子对某件事情产生兴趣的时候，不需要任何催促、逼迫，他们也会主动自觉地去了解这件事。而好奇则正是通往兴趣的"大门"，当孩子对某个事情产生好奇时，自然就会对与之相关的一切都产生兴趣。换言之，如果你希望孩子拥有广博的知识，热爱学习与探索，那么首先要做的就是让孩子保持强烈的好奇心。要做到这一点，在日常生活中，我们可以从三方面着手：

第一，开阔孩子的视野。

无论对于大人还是孩子来说，最能激发好奇心的都是那些新奇而富于变化的事物。多带孩子到新的环境中，让他多接触自己不熟悉的事物，在开阔视野的同时，也能更有效地激发孩子的好奇心。

第二，鼓励孩子自己寻求答案。

当孩子对某个事物产生好奇之后，家长要尽可能鼓励孩子自己去探寻，去寻求答案，培养孩子独立思考、勇于探索的精神。

很多孩子之所以在成长过程中逐渐失去好奇心，很大一部分原因就在家长身上。不管是面对孩子的"十万个为什么"所表现出的不耐烦，还是对孩子在探索世界过程中产生的"破坏"给予强硬的阻止和惩罚，都会抹杀孩子的好奇心。

第三，激发孩子对学习的好奇。

我们说过，好奇是通往兴趣的"大门"，所以，家长如果希望孩子热爱学习，那么最好的办法自然是激发孩子对学习的好奇。比如在生活中重现课本上提到的某种知识引发的现象，引导孩子主动通过课本寻求答案；或者搜集课本上某篇文章作者的资料，挑选有意思的让孩子了解，激发孩子对该作者的好奇，进而使孩子对课本上的文章感兴趣等。

有时间，多补给些"精神美食"

有一次，我带着女儿去书店买书的时候，正巧碰到了许久未见的大学同学林女士。林女士的女儿小丹比我女儿大一岁，今年上六年级了，正面临着小升初的考试。

在短暂的交谈中，林女士忧心忡忡地向我抱怨了一番对小丹成绩的担心。小丹是个非常乖巧的女孩，在班上成绩也并不差，但距离林女士的预期，显然还存在一定距离。据林女士所说，小丹现在存在两个弱项，一是语文的写作，二是数学的创新思维类型题目。于是，针对这两大问题，林女士在书店里采购了一堆的小学作文范文和小学奥数练习题等书籍。匆匆交谈几句之后，林女士就急急忙忙地离开了，我低头看看手里抱着的一堆买给女儿的课外阅读书籍，不禁苦笑起来。

不可否认，想要提升考试成绩，最行之有效的方法显然就是：题海战术。毕竟题目的类型就那么几种，做的题目越多，对不同知识点的出题方法也就把握得越清楚，当考试中遇到同类型的题目时，自然也就心中有数了，所以说"做题百遍其义自见"，这并不是没有道理的。但一味地做题，对于孩子思维习惯的养成，以及知识储备的积累，甚至于学习兴趣的培养，实际上都是非常不利的。

在女儿上小学三年级的时候，他们班的语文老师要求每个学生每周都要坚持写三篇以上的练笔。那时候，女儿非常不擅长写作文，常常绞尽脑汁也写不出只言片语来，于是我买了很多作文指导、优秀作文范文之类的书给女儿看，并且逼着她每周至少要写出五篇练笔。一段时间后，我发现这种逼迫式的高压政策非但没能让女儿的写作水平有所提高，反而还让她对写作这件事越发厌恶了。

在和女儿的语文老师交谈之后，他建议我不要再逼迫女儿写多余的练笔，并适当地引导她进行一些有趣的课外阅读。我抱着半信半疑的心情撤销了女儿的练笔任务，并找了许多有趣的课外书籍来让女儿阅读，女儿对埃及和金字塔的兴趣就是在那段时间里逐渐培养起来的。后来，女儿以埃及和金字塔传说为题材写的一篇冒险小故事还被老师推荐登上了校报，拿到了100元的稿费。

现在，课外阅读已经成为女儿的一种习惯和一种休闲方式，已经进入五年级的女儿功课也比从前忙了很多，但依然每周都会坚持进行一定量的课外阅读。这非但不会影响她的学习成绩，相反的，我认为这对促进女儿的学习和思考都有着非常积极的作用。

在每一次的家长会上，我也都会不厌其烦地向家长们强调培养孩子课外阅读习惯的重要性。简单来说，有这么几点：

一、储备知识

学校能够教给学生的东西是有限的，而少年儿童时期，本就是一个求知欲汹涌勃发的时期，任何一本稍微有趣一些的读物，都可能点燃孩子对书籍的好奇和热情。读书不仅仅能开阔孩子的视野，增添他们的知识信息，并且能够帮助他们了解和认识世界，而这一阶段所储备下来的知识，也将会使他们日后大受裨益。

二、积累和构建文化

在语文学习中，最令学生头疼的大约就是写作了，而写作水平的高低往往能够最直观地反映出学生语文能力的高低。但凡是写作能力强的学生，脑海里必然都有自己的文化形成，而文化的积累与构建，更多的就是依靠课外阅读。老师能教给你的，只是最基础的理论，至于如何将这种理论变成精彩绝伦的文字表达，则要靠对文化的感悟和积淀了。

三、提升学习兴趣

相比枯燥乏味的做题来说，课外阅读显然要更有乐趣得多。题海战术虽然能在短时间内直接有效地促进成绩的提高，但长久下去，必然会减弱学生对学习的热情和兴趣。有趣的课外阅读则不然，它能够在枯燥乏味的学习中为孩子提供些许乐趣，甚至能促进孩子对学习的积极性，提升孩子对学习的热情。

所以，请记住，对于孩子来说，课外阅读无疑是促进学习最好的"精神美食"，它对孩子在各个方面的学习发展都有着非常重要的影响。

Chapter

4

成绩好的人未必最聪明，但一定最努力

"形成天才的决定因素应该是勤奋。"

学习好的孩子，大多不是天才，从某种意义上说，他们又是天才，是努力、勤奋的天才。他们的智商和绝大多数孩子一样，甚至不如很多孩子，他们的好成绩，是因为他们懂得勤能补拙，只有勤奋、努力、刻苦、不懈地坚持，才能学业有成。

单靠"智商"，碾轧不了一切

许多家长和孩子都问过我这样一个问题："老师，为什么明明在同一个学校、同一个班级上学，由同一个老师教，有的学生就能成绩优异，门门科目都拿到九十分以上，有的学生却怎么都学不好，每次都在及格线上挣扎？是因为智商上存在差距吗？"

有这种想法的人不在少数，但实际上，高智商未必就等于好成绩，好成绩也未必就意味着高智商。

所谓智商，指的就是智力商数，是由法国心理学家比奈和他的学生所发明的，根据一系列的标准测试来测量人在其年龄段的认知能力而得出的一个分数。智力测验的项目包括常识、理解、算术、记忆、字词、图像、类同、积木、拼图、符号和排列等十一项，这也就是说，经过智商测试所得到的分数，其实只反映了人在这几个方面的智力状况，并不能代表全部的智力。智商只是一个概数而已，虽然能够在一定程度上反映出人智力水平的高低，但绝不能单纯地将其与人的学习能力和社会适应力画上等号。

当然了，不同的学生在智力方面必然会有一定的差距，但这种差距实际上并没有我们想象得那么大。根据比奈的测验结果，他将一般人的平均智商定为100，而正常人的智商通常处于85到115之间。中国智商研究机构曾做过一个调查，结果显示：在学生中，智商低于85和高于115的学生仅仅占所有学生的2%。这也就意味着，如果一个班级里有40个人，那么按照2%的比例来算，你也很难找出一个智商比普通人低，或者比普通人高的学生。换言之，在我们周围，不管是尖子生还是差生，实际上智力的差异都不会太大。

那么问题来了，既然大家的智商都差不多，那么成绩为什么却能天差地别呢？真正决定成绩好坏的因素到底是什么？

我曾经在班上做过这样一个"实验"：

在某次班会上，我利用十几分钟的时间给学生们讲了三个数学公式，然后让他们把这些公式记忆下来。然后挑选出三位同学做代表，这三位同学分别是成绩优异的班长段晓峰，踏实刻苦、成绩排名中上水平的甘婷婷，以及思维活跃、但综合成绩较差的卢跃。这三位同学中，最先把公式背熟的是卢跃同学，然后是段晓峰，甘婷婷在记忆公式方面花的时间最久。

一个星期以后，在班会上我再次要求这三位同学将上星期我所讲的公式背诵出来，段晓峰同学和甘婷婷同学都能完整地将公式复述出来，但当时背诵最快的卢跃却早已经把公式忘记得一干二净了。

然后，根据这一公式的内容，我在黑板上出了几道题目来让这三位同学解答，连公式都不记得的卢跃自然不用说，肯定是什么都答不出来的。能够复述出公式内容的甘婷婷在做题时则表现得较为吃力，出现的失误也比较多。只有段晓峰同学非常顺利地解答出了黑板上的题目。

我请这三位同学分别和大家分享一下，他们是如何来记忆这三个公式的。

卢跃有些不好意思地挠挠头说："就上周老师讲公式的时候，我看了两遍就背下来了……后来嘛，我就没有再看了，然后现在就忘了呗。"

甘婷婷回答说："上周学了这个公式以后，我每天复习数学的时候都会看一下，所以记得比较清楚，但因为没有做过相关的题目，所以在运用方面不太熟练。"

段晓峰则表示："老师上周讲这三个公式的时候给我们推导过一遍，回去以后，我根据上课的笔记自己推导了一次，然后尝试着做了几道相关的题目，之后就也没看过了，不过到现在也依然记得很清楚。"

通过这个"实验"，相信大家已经找到了答案。在这三位同学中，记忆力表现最突出的是卢跃同学，他在最短的时间里就把三个公式记下了，但之后，卢跃同学没有再对这几个公式进行复习，因此一段时间之后，这三个公式就被他抛诸脑后，完全遗忘了。甘婷婷同学虽然花费了最多的时间来背诵这几个公式，但之后由于她勤奋地加以复习，把公式牢牢记忆在了脑海中，因此在一段时间之后，她也依然能够把这三个公式默写出来。而段晓峰同学呢，他并没有采取死记硬背的方式来记忆这几个公式，而是通过自己的思考和理解，让这三个公式成为他能够运用的知识。

可见，单单依靠智商，是不可能碾轧一切取得好成绩的。想要取得好成绩，一得勤奋，二还得找对方法和窍门。

所谓天才，不过是更努力而已

期中考试成绩刚公布，我班上的学生张鹏程同学就一脸郁闷地到办公室来找我"谈心"了。其实这次考试张鹏程发挥得很好，比之前的小测验前进了五名，各科成绩都有一定的提高，已经是非常大的进步了，但他脸上却没有丝毫高兴的痕迹，反而甚为挫败。

唉声叹气半天之后，张鹏程对我说出了困扰他很长时间的一个问题：为什么他和同桌小蒙每天都用同样的时间来学习，可他的成绩却始终比不上小蒙？难道小蒙是"天才"，而他只是一般的普通人，所以无论怎么努力都追不上他？

张鹏程和小蒙不仅是同桌，而且住在同一个小区，每天上学放学几乎都在一块儿。之前分配学习互助小组的时候，他们俩也被我分到了同一组，从那时候开始，他们在互相帮助的同时也建立起了竞争关系。我一直都非常鼓励学生之间展开公平竞争，这样不仅能够让孩子们保持学习的干劲儿，而且对于成绩的提升也是大有裨益的。

从综合成绩上来看，张鹏程和小蒙算得上势均力敌，但几次考试下来，张鹏程的名次却始终都没有超过小蒙，这让张鹏程感到非常挫败。他说："老师，我每天和小蒙一块儿上学放学，连做作业都在一块儿，我花在学习上的时间绝对不比他少，为了超过他，我连续三个周末都没去打篮球了。可是好像不管我怎么努力，都追不着他似的。是不是因为我太笨了啊？"

听完张鹏程的话，我回想了一下小蒙平时的学习状况，笑着对他说："你真的觉得自己用在学习上的时间和小蒙一样多吗？你经常和小蒙在一起，不妨好好观察观察他，看看他到底把时间都'藏'在哪里了。等你找到他比你多出来的那点'学习时间'以后，或许就能超越他了。"

一开始，张鹏程对我的话还将信将疑，过了没几天，他突然兴冲冲地跑到办公室，向我汇报他这几天观察到的"情报"。比如他注意到每天早上参加学校组织的晨练时，小蒙总是一边做操一边嘴里念念有词，仔细留心之后他才发现，原来小蒙是在利用做操的时间背单词呢，难怪小蒙的词汇量那么丰富，原来他一直都在"偷偷"努力呀！张鹏程还注意到，小蒙口袋里总是装着一些小卡片，每次等公交车或者排队买东西的时候，小蒙总会时不时从口袋里掏出小卡片看一看。以前张鹏程都没留意过小卡片上的内容，这回留心观察之后他才发现，原来那些小卡片每张上面的内容都不同，有诗歌、名人名言，甚至还有数学公式。这些他从没留意过的小道具，原来正是小蒙"藏"起来的，比别人多出来的"学习时间"呀！

向我汇报完这些"秘密"之后，张鹏程胸有成竹地说道："瞧着吧，老师，下次考试我肯定打败他！"

我们总说时间是公平的，因为它给予每个人的一天都是二十四小时，没有任何人能例外。但时间同时却又是最不公平的，因为在这看似相同的二十四小时里，有的人能做很多很多事，而有的人却总是在不经意间让时间白白从指缝间溜走。

　　"天才"们的时间总是比别人"多一点"，正是这多出的"一点"让他们与其他人拉开了距离，直至攀上别人再也无法企及的高峰。很多人可能会觉得我有些言过其实了，那么我们不妨来算一笔账：

　　假如我们像小蒙一样，利用做操的时间来背单词，那么一套广播体操的时间大约是5分钟，5分钟的时间背3个单词已经绰绰有余了。把这一习惯坚持下去，那么一个星期我们就能利用做操时间记下21个单词，一个月就是90个单词，坚持到一年，我们就能比别人多增加1095个单词的词汇量！

　　所以，不要小看这些零零碎碎的时间，每天几分钟的时间看上去似乎微不足道，但倘若一周、一月、一年这么累积下去呢？所谓"聚沙成塔""集腋成裘"说的正是这个道理。这个世界上不存在那么多的天才，很多时候，你之所以追不上别人的步伐，不是因为你比别人愚笨多少，而是因为你错失了别人多出来的那"一点点"时间。

课前预习，让听课毫不费力

期中考试结束之后，应学校要求，各班都开了一个讨论学习方法的交流会。在会上，不少成绩排名较靠后的同学都向我反映，说老师讲课节奏太快，自己根本没法子跟上老师的节奏，有时候稍微一走神，接下来的内容就听得是云里雾里了。

可这个意见才刚提出来，不少成绩较好的学生就纷纷起来反驳，有几名同学甚至还觉得老师讲课节奏太慢，认为以后还可以在课上多讲一些知识点。

出现这样相左的意见其实并不奇怪，一个班级里四五十名学生，学习能力和基础水平自然存在不小的差距。之前我们说过，在一个班级里，无论是成绩优异的尖子生还是成绩较差的学生，其智力方面的差距不会太大，这也就是说，从学习能力方面来说，即便学生与学生之间存在差距，这种差距也不会太大。至于基础水平的差距，那也是在天长日久的学习过程中逐渐拉开的。

那么，既然明明先天条件差距不大，为什么在学习新知识的时候，同一个班级的学生在学习效果方面会有如此大的差距呢？其实，最关键的原因在于一个常常容易被很多人忽略的重要学习环节——课前预习。

我曾在我所执教过的数个班级里都做过一项调查，结果发现有预习习惯的学生平均成绩通常都高于没有预习习惯的学生，而且这种差异非常显著。事实上，从入学的第一天开始，我就无数次向学生们强调过预习的重要性，但依然有不少学生对此不以为然，认为预习不预习并没有什么差别。

很多学生都玩过游戏，在游戏中，我们常常需要给游戏人物的武器加"属性"，进行升级，以提升武器的战斗力。单从数据上来看，加不加属性，武器的攻击力似乎差距并不太大，但一旦投入实战中，我们就会发现，哪怕速度只快一点，防御力只加强一点，都可能对整个战局造成重大影响，差距就是从这一点一滴中渐渐拉开的。课前预习其实就好像是在给武器加"属性"一样，看似毫不起眼的五六分钟预习，却正是拉开学生们听课效果差距的关键。日本学习方法研究会会长石川勤先生就说过："事先做好预习，课堂学习就会充满活力，学习不再是别人的事，自己就会变成课堂的主人。"

那么，我们一起来看看，课前预习究竟有些什么作用，为什么能对听课效果造成如此巨大的影响。

第一，课前预习可以提高学生的听课质量。

没有预习习惯的人在上新课程的时候，对即将接触到的知识是完全陌生、一窍不通的，因此听课完全是处于一种盲目被动的状态。我们知道，人的精力要一直保持高度集中是非常疲劳且困难的，一堂课四十分钟的时间里，学生难免都会有松懈的时候，如果老师所讲授的内容是学生完全陌生的东西，那么哪怕几秒钟的松懈，都可能让学生无法追上老师的思路，以至于听不懂老师究竟在讲什么。

但如果做到了提前预习，那么情况就大不相同了。通过预习，学生能对即将学习的知识有一个大致的了解，知道哪些地方是重点、难点，哪些地方自己看看就能明白。这样在课堂上，就能分门别类地进行选择性听讲，当老师讲到重点、难点的时候，就集中精力，着重思考这一块，而老师讲到已经看明白的知识点时，则可以稍微松懈一些，让大脑得到休息。这样一来，整堂课下来既不会觉得疲惫，学习效果也会相对较好。

第二，课前预习能够巩固已经学过的旧知识。

在学习的时候，很多知识之间都是有关联性的，学习新知识的时候，往往可能需要用到旧知识。基础差的学生通常对旧知识的掌握不是很熟练，在听课过程中往往也很难迅速从脑海中把涉及的旧知识"调动"出来，在这种时候，预习就显得至关重要了。预习能够让学生发现记忆中的知识"盲点"，这样一来，学生就可以在课前将所要涉及的旧知识重新进行复习和回忆，由此来弥补基础水平差距所造成的听课效果的差异。

第三，课前预习可以促进学生自学能力的提升。

预习其实就是一个变被动学习为主动学习的过程。在预习的过程中，学生需要对新的知识点进行摸索、思考和理解，这就相当于是在训练学生的自学能力一样。因此，只要能长期坚持下去，那么随着预习的深入，学生的自学能力必然也会得到明显的提高。

所以，作为家长，应该起到监督作用，帮助学生养成课前预习的好习惯。

课后复习，更容易考出好成绩

假期的时候，我有空就会陪女儿打会儿游戏。操作游戏人物时，特定的一些按键组合起来，能让人物放出一些厉害的招式，女儿教过我好几次，但可能因为不上心，我始终也记不住到底哪几个按键组合起来能放出什么技能。

终于有一次，女儿忍无可忍，气急败坏地指责了我，这一下倒是激发了我的斗志。我上网查找了一份关于该游戏的操作指南，把常用的游戏人物操作按键抄写了一份，对照着自己进游戏操作了一遍。等到晚上临睡之前，我又对照着进入游戏，把整个流程过了一遍。第二天早晨又再来一次，然后三天之后，七天之后……

做这些事情并没有花费我多长时间，每次最多也就十几分钟。大约半个月后的一天，女儿让我和她一起去做一个双人任务。在游戏开始前，我稍微把之前抄写的那张操作指南看了一遍，之后的整个游戏过程都得心应手，倒是让女儿刮目相看。

女儿对我的进步神速感到非常吃惊，同时也很好奇我究竟是怎么做到的，毕竟这半个月以来，她可没见我有多"勤学苦练"。我笑着告诉她："你好好想想平时妈妈是怎么督促你复习功课的，秘诀就在这里。"

人的记忆和遗忘都是有规律的，早在1885年，德国心理学家艾宾浩斯就已经通过实验发现了大脑的这一"遗忘规律"。在实验中，艾宾浩斯让受试者背诵一份材料，一小时过后，这些受试者大概还能记起44%左右的材料内容；一天之后，大概还能记起33%；而两天过后，对这份材料的记忆大约只剩下28%了。由此，艾宾浩斯总结出了著名的遗忘规律，即遗忘的进程是不均衡的，开始的时候遗忘得非常快，之后逐渐减缓，等到一定时间之后，便几乎不会再遗忘了。

很多学生都有这样的体会：上课的时候感觉自己什么都听明白了，学懂了，可一到考试做题的时候，就感觉大脑一片空白，什么都想不起来。这其实就是遗忘规律在"作祟"。课堂上学到的知识，如果不进行复习，那么随着时间的流逝，这些学会的知识也会一点点"流失"，最终被你的大脑遗忘。而很多成绩优异的学生之所以能把学到的知识牢牢掌握住，并不是因为他们的记忆力比别人更好，或者比别人更聪明，而是他们懂得对所学的知识进行科学的复习，让这些知识一遍遍刻印在脑海中，直至不再遗忘。

所以说，复习是学习过程中至关重要的一个环节，在课堂上感觉自己学会了，听懂了，并不意味着这些知识已经完完全全属于自己了，在遗忘规律的"作祟"下，它们随时可能悄悄"逃走"，只有通过不断地进行复习巩固，才能真正将这些知识长久地存放在脑海中。

但需要注意的是，复习并不是越频繁越好，过度频繁的复习只会占用许多无谓的时间，增添学生的负担，甚至造成厌学情绪。人的遗忘既然是有规律可循的，那么同样，复习也是有规律的。遗忘最快速的时候，就是刚刚学习完新知识的时候，因此每次上完课，老师都会强调，让学生不要忘记进行课后复习，加强记忆。之后，复习的频率可适当递减，直至知识一直牢牢地存在于脑海中。

比如我给女儿制订的复习计划就遵循一个原则：每天有复习，每周有小结，每章有总结。当天上过的课程，无论多忙，在睡觉之前，我都会要求女儿进行一次复习；每个周末，我都会要求女儿抽出一些时间，来回顾这一周所学过的知识点；每个科目在学完一个章节之后，我都会要求女儿把该章节的知识点系统化地整理到笔记本上。这些事情听上去似乎很繁琐，但实际上并不会占用太多时间，而对加强巩固知识点的记忆却是大有助益的。各位家长也可以参照这一方法，帮助孩子在学习的道路上越走越稳。

成绩再差，现在努力都来得及

人都是有虚荣心的，谁都渴望能成为人人称赞的好学生，取得令人羡慕的好成绩。但无论在哪个学校，哪个班级，必然也都存在这样一部分让老师头疼不已的学生：上课不认真听讲，课后不按时完成作业，考试门门"亮红灯"。

对此，不少人可能都觉得很奇怪，如果每个学生心中都有取得好成绩的渴望，那为什么还会存在这样不努力、学习态度如此不端正的学生呢？难道他们是学生中的异类，一点也不想考高分，成为尖子生？

为了搞清楚这个问题，我和许多成绩不理想，并且学习态度也不端正的学生进行过多次交流，令人意外的是，他们之中的很多人都给出了类似的答案：反正我也不是学习的料，怎么都学不好，那干什么还浪费时间去学习！

于是，在这种"破罐子破摔"的心理作用下，成绩差还不认真听课，不好好做作业，且不思进取的"差生团体"就这样诞生了。

其实，这种想法是相当可笑的，我曾无数次强调过，这个世界上没有谁天生就"不是学习的料"，任何人只要找对方法，肯付出努力，都能成为成绩优异的尖子生。你学不好，不意味着你先天条件比别人差，很可能只是你没有找到适合自己的学习方法，或者你根本连努力都没有付出过。

林晓东是我曾经教过的一名学生，他就是那种很典型的因为成绩跟不上而自暴自弃的"差生"之一，曾一度令所有老师都头疼不已。在一次和林晓东父母谈话的时候，我得知他有一个哥哥，在我们当地一所重点中学就读，成绩非常好。林晓东的父母告诉我，以前林晓东一直都以哥哥为榜样，还曾说过要和哥哥考入同一所中学，但不知从什么时候开始，他却变得不爱学习了，不是上课睡觉就是逃学去打游戏，父母打也打了，骂也骂了，却都没有什么效果。

知道这一情况之后，我和林晓东深入交流了几次，他才终于向我吐露心声。他说："老师，我其实还是想过好好学习的，但现在已经来不及了。我成绩那么差，根本就废了。上课也听不懂，习题也不会做，看书我也看不明白，现在我就连怎么努力都不知道……反正都已经学不好了，还浪费那精神干什么啊！"

大部分学习不好的学生大概都有类似林晓东这样的心态，觉得自己成绩已经差得没救了，不管怎么努力都不会有改变的希望，所以干脆放任自流，不去做任何努力。但实际上，我在前面已经讲过，小学阶段的学习主要是打基础，不存在太复杂的知识点，任何人只要肯努力，够勤奋，就都能取得好成绩。

许多成绩不好的学生之所以觉得课程太难，听不懂老师讲课，很大一部分原因还是在于基础薄弱，并且没有好的预习和复习习惯。在这种情况之下，想要取得进步，提升学习成绩，最有效的方法就是抓基础，吃透课本的基本概念、定理、定律、法则、公式、名词、术语等。

很多学生对基础都不太重视，总以为想要提升成绩就得去做难题，结果，很多基础原本就比较差的学生因为急于求成，往往可能一开始就给自己设置了较大的障碍和困难，让自己刚准备付出努力就直接遭遇挫败和打击，甚至因此丧失了学习的自信。但其实，在任何一场考试中，占据绝大部分分值的题目，往往都是基础题。如果对试卷进行过分析，你会发现，在一张卷子上，有80%的题目都属于基础题，真正有难度的题仅仅占了20%的分值。这也就是说，只要肯踏踏实实地把基础抓上来，在考试时细心谨慎，保证基础不丢分，那么即便直接放弃所有有难度的题目，至少也能够获得80%的分值，这个分数虽然不会让一名学生成为班级的佼佼者，但绝对能让他顺利进入中上游排名。

所以，不管是学生还是家长都应该有这样一种意识：不管现在的成绩究竟有多差，只要开始努力，一切就都来得及。真正让学生"没救"的，不是学习成绩，而是学生在面对学习时候的态度。

成绩好就放松？学无止境！

有一段时间，我发现班上学习成绩较好的一些学生在学习上似乎产生了一些怠惰的情绪，学习热情也有所下降。发现这一情况之后，我立即把这些同学集中起来，开了一个小会议，试图弄清楚造成他们这一情况的原因。

据几位同学反映的情况，总结起来无非就是：老师讲课进度太慢，课本上的知识已经掌握得十分熟练，感觉已经没有什么需要学的东西了。

会产生这样的错觉其实并不奇怪，这几位同学都是班上成绩数一数二的学生，基础水平要比其他同学高得多，而作为老师，我所面对的是整个班级，因此在讲课安排上必须兼顾大部分的学生，而不仅仅针对个别成绩较好或成绩较差的学生。在这种情况之下，基础水平较好的这些学生自然会觉得老师的授课内容过于简单，进度过于缓慢，久而久之便容易怠惰了。

那么，为什么又说这是一种"错觉"呢？正所谓"学无止境"，知识是永远都学不完的，因此，当你觉得自己"已经没有什么需要学习的东西"时，这本身就是一种错觉，而造成这种错觉最关键的原因就在于对学习这件事情的认知错误。

很多学生其实都没有考虑过自己为什么要学习，以及通过学习到底应该得到什么，只是一味地跟着老师走，完成老师的安排，以为这样就等于完成学习任务了。但其实，老师所制订的学习计划和学习安排实际上主要是为成绩处于中等水平的大部分学生而考虑的，如果属于成绩较好的尖子生，那么很显然，被这一学习安排及计划"牵着鼻子走"，对学生的个人能力而言绝对是一种浪费。学习方式应该与个人的实际情况相契合，当学生感觉学有余力的时候，就要懂得调整自己的步伐，总是跟在老师的身后，有时反而可能阻碍了自己的提高和进步。

学习的道路是永远没有尽头的，课本上的知识不过犹如茫茫沙漠中的一粒尘埃罢了。我们要学会拓宽视野，将目光放远，不要只局限于停留在眼前的考试上，分数所能反映出的，不过只是学生在某段时间对某些知识点的掌握情况罢了。而在前方，还有一条漫长的学习之路要走。

此外，从考试上来说，任何一门学科的考试题目中，通常都会设置一两道难度较高的题，而这些难题往往都包含我们在课堂上很少或甚至从未涉及过的一些知识点。这种题目的分值虽然没有多高，但往往正是这点分值，拉开了优秀者与最优秀者之间的距离。

因此，家长应该有一种意识，如果想让孩子获得高分，想让他们战胜身边与他们同样优秀的这些人，想在成绩上与其他人拉开距离，那么仅仅督促孩子完成老师所布置的任务，学懂课本上所涵盖的知识点是远远不够的，你必须鼓励孩子花费更多的时间去攻难点，广泛涉猎课外内容，以增加自己获胜的筹码。

去年，在小升初考试中获得第一名的"状元"就分享过他自己的学习经验，他说："在学习方面我通常都会有一套自己的计划，而不是完全跟着老师走。比如当老师在讲解课本上的知识，或者复习我已经非常熟悉的知识点时，我就会选择不听，利用这段时间来看一些相关科目的学习报刊或杂志。从这些课外读物上，我了解了很多课本上从未提及过的知识，拓宽了我的眼界和思路。正因为这样，当别的同学在考试时因为那些涉及课外知识的难题哀嚎不已时，我内心却是非常欣喜的，因为我知道，这些难题正是我超越他们，与他们拉开距离的关键。"

请记住，知识永远都不嫌多，而学习的道路也是永远没有尽头的。不管孩子成绩有多好，家长都不要放松对孩子学习的要求，勤奋永远是优秀的前提和保证。

只会笨努力，那叫"伪勤奋"

在多年的教学生涯中，几乎每一届我带的班级里都有这样的学生：奉行"吃得苦中苦，方为人上人"的古训，对"勤能补拙"的思想深以为然，为了取得好成绩，不惜牺牲一切时间来看书、做题，没有时间玩乐，甚至没有时间保证充足的睡眠……而几乎无一例外的是，这一类的学生通常都不会是班里成绩优秀的佼佼者之一。当然，他们的成绩也不会太差，但最多也就能冲到中上游水平，很难再有所提升。

在周围人看来，这些学生的做法似乎也无可厚非，如果天资不够聪明，那么或许也只能靠后天的努力来弥补了，古人不是也说了"勤能补拙"吗？但问题是，这样的"勤"真的能让学生有所收获吗？当学生无论怎么努力，怎么付出，也都无法收获相应的回报时，真的是先天不足所导致的吗？

我现在所带的班级里就有这样一位学生，他叫夏询，是个非常勤奋的男孩，他就是我所说的那一类学生，一心埋头学习，几乎没有玩乐放松的时间，成绩却始终不是那么理想。尤其每当临近考试的时候，一连几天都能看到他眼下日渐严重的乌青。

之前我曾和夏询聊过几次，让他注意劳逸结合，学会适当放松自己紧绷的神经，他嘴上虽然答应，但一转头还是依然没有任何改变。直到上一次家长会的时候，我和夏询的母亲就他的学习状况进行了一番深谈。夏询的母亲告诉我，夏询一直都觉得自己是个天资愚钝的孩子，所以不管干什么，都总是比别人要刻苦一些。每天放学回去，除了老师布置的作业之外，他还要给自己布置大量的额外学习任务，尤其快到考试的时候，更是每天都要看书到深夜。说这些事情的时候，夏询的母亲露出一副非常自豪的样子，她对我说："老师，虽然我们家小询不聪明，但是他很乖，又能吃苦，老师你多担待点。"

夏询母亲的态度让我感到十分担忧，很显然，对于夏询每天超负荷的学习策略，她是给予支持甚至肯定的态度的，也难怪虽然我曾数次和夏询谈过这件事情，却始终未能取得任何成效。

我对夏询的母亲说道："事实上，我并不认为夏询是个天资不够聪明的孩子。相反，我认为夏询很聪明，他完全有能力让自己的成绩再前进一步。像他这么大年纪的孩子，能够自觉地通过刻苦努力来提高自己，这已经非常了不起了。但这样做还不够，学习是一件讲求技巧和方法的事，不是花的时间越久，就能达到越好的效果的。"

听到我对夏询的肯定，夏询的母亲非常惊喜，随即又急切地追问我说："老师，那有什么方法让小询提高成绩啊？需要再给他请个家教吗？他现在倒是在上补习班……"

"我认为夏询现在的问题是花在学习上的时间太多了，已经超出了他所能承受的程度。"我打断了夏询母亲的话，"学习是件讲求技巧和方法的事情，光有勤奋刻苦的精神是不够的。技巧方法和勤奋刻苦就像是人的两条腿一样，只有相互配合，人才能迈开步子走得又稳又快，如果你放弃其中一条'腿'，那么哪怕另一条'腿'锻炼得再厉害，也是很难走得长远的。夏询现在就像是在用一条腿走路的人，他付出了比别人更多的艰辛，但却始终都走得没有别人那么快。"

听了我的话，夏询的母亲更是不解了，疑惑地问我："老师，那我到底应该怎么做？"

我给了夏询的母亲三条建议：

第一，无论如何，每天都必须保证夏询有7到8小时的睡眠时间，此外，除了老师布置的作业之外，暂且强制要求夏询不得再做其他额外的作业。

第二，掌握好自己最佳的用脑时间，在大脑最清醒的时候学习，而当大脑处于低迷状态时，立即放下学习任务，让自己进行一段时间的休闲放松，比如可以考虑进行远眺，或者做运动、听音乐等。

第三，一旦身体感觉到疲劳，就立即停止学习，疲劳战术只会让学习效率大大降低，甚至影响到第二天的学习状况，得不偿失。

现在，夏询的成绩虽然依旧起伏不大，但他的精神状况已经好多了，看到他开始会在课间和同学玩闹，偶尔放学也会出现在篮球场上时，我想已经不需要再为他担忧了。

散漫成性，就会一辈子落后于人

上学期期末考试时，我负责监考的考场里发生了一件事，当时考的科目是数学，在考试时间结束的时候，考场里还有几名同学没有交卷，其中包括我们隔壁班级学习非常优秀的范玲俪同学。

虽然这几名同学还没有完成答题，但按照考试规定，我还是强制性地抽走了他们的考卷，结果没想到，范玲俪同学当场就大哭了起来，死活拽着卷子不肯交，最后还是她的班主任王老师正好路过考场外，进来把她给带走了。

范玲俪同学的这场闹剧给我留下了深刻印象，事实上，每次考试结束，都会有一部分学生抱怨，说考试时间不够用，明明会做的题，因为时间关系也没来得及做，更别提检查什么的了。当然，抱怨归抱怨，遗憾归遗憾，像范玲俪同学这样反应过激的学生却也着实是不常见的。

后来在办公室又聊起了这件事，王老师告诉我，范玲俪同学发生类似的事情已经不是第一次了。她是个非常踏实认真的学生，平时无论课堂表现还是课后作业都完成得非常优秀。但她有个毛病，就是性子特别慢，做事情有些拖沓，每次考试时间基本上都不够用，许多明明会做的题也都没时间做，所以考试成绩排名始终不是太理想。

我们班级里也有几位同学和范玲俪同学一样，成绩各方面表现都还不错，偏偏就是做题速度提不起来，每次考试都是勉强完成，当然也免不了出现时间不够的情况。

为什么考场上的时间会不够用呢？当然，自身能力水平是影响做题效率的原因之一，但像范玲俪同学这样成绩优秀的学生，自身能力水平显然是没有任何问题的，可为什么做题的速度就是提不上去呢？

抱着这样的疑问，我对存在同样问题的几位同学进行了观察，结果发现，他们几乎都有一个共同的特点：知识点掌握得不错，做题也非常认真，但速度却着实令人着急，一道简单的题，从审题到解题完毕，至少都要耗费五六分钟，至于那些步骤比较繁复的题，那就更不用说了，有时光是打草稿都得浪费掉十几分钟。

除此之外，我还发现，这些学生最大的问题不仅仅是出在做题速度慢上，事实上他们无论做什么事情，都处于一种拖沓懒散的状态中。无论是打扫、整理桌子还是放学收拾书包，他们都是散散漫漫，没有丝毫的紧迫感。也就是说，拖沓散漫已经成为这些学生的一种习惯状态，做题速度慢，其实也只是这种状态的一个反映而已。

习惯对孩子的影响是非常巨大的，当孩子在不知不觉中形成某种习惯，或者说习惯于保持某种状态的时候，无论做任何事情，都必然会受到影响。这种影响有时甚至是孩子主观都难以扭转的，就像这些已经习惯拖沓散漫做派的学生，即便是在考试的时候，眼见时间一点一滴流失，虽然心里万分着急，可行动却也始终跟不上思想。

想要彻底改掉这个毛病，就得从生活的方方面面做起，只有先扭转了拖沓散漫的不良习惯，才可能提高做题效率，挽回那些因拖沓而白白丢失的分数。

我把班级里几位有同样问题的学生集中到了一起，给他们每人下达了一个"任务"：在做任何事情之前，都给自己规定一个时间，包括起床、吃饭、上学等，然后坚决按照自己所规定的时间执行。

为了保证这几位学生能够完成"任务"，我和他们的家长也取得了联系，让他们做"执行监督人"，每周向我进行一次反馈。起初，这些学生为了在规定时间内做完事情，常常搞得手忙脚乱，尤其是早晨来上学的时候，不是课本忘带，就是穿错袜子。坚持一个月之后，他们基本上已经能够有条不紊地在规定时间内完成一些事情了。根据家长的反馈，我建议这几位同学对自己的计划进行调整，逐渐缩短做某些事情的规定时间，提高做事时候的紧迫感。

这样坚持数月之后，其中几位同学做题效率有了明显提高，另外几位虽然在做题速度上的改变还不是很明显，但在许多生活习惯方面也都有了较大的改善。

规划出效率，效率定成绩

在人类所有美好的品行和精神中，勤奋无疑是最令人称道的。但不少人对"勤奋"的理解却总是有些偏差，比如在学习上，有不少学生就以为，只要付出大量的时间和精力，不断地背书、做题，就叫作勤奋，就能达到熟能生巧的程度。但事实上，结果真的如此吗？

当然不是，关于这一点，班长段晓峰就深有体会。此前我数次提到过，段晓峰是我班级里学习成绩非常优秀的尖子生，而事实上，在找到正确的学习方法之前，段晓峰也曾经历过一段漫长而得不偿失的"题海生涯"。

在那段时间里，段晓峰和很多学生一样，以为只要投入大量时间和精力去学习、做题，就能提升成绩。但在花费大量的时间和精力之后，段晓峰发现，盲目地做题除了把自己搞得疲惫不堪之外，对成绩的提升似乎并没有多大帮助。那个时候，班里成绩最好的学生是学习委员小蒙，但在学习方面花费时间最长和精力最多的人却绝对不是小蒙。

段晓峰是个很聪明的人，他很快就发现小蒙与其他同学在学习方法上的不同。以做题为例，通常大家买了辅导书之后，基本上就是埋头苦做，按着顺序把所有题都给做一遍。但小蒙不同，他的辅导书上从来不会写满密密麻麻的字，每次做题之前，他都会对辅导书上的题进行一次筛选，把类型相同，或涉及知识点大同小异的题目划掉，然后再有选择地开始做题。

发现这个"秘密"之后，段晓峰也开始效仿小蒙，有选择地做题，并根据自己对知识点的掌握情况随时进行调整。在一段时间之后，段晓峰惊喜地发现，这样有选择有目的地做练习，既减轻了自己在学业上的负担，又节省出了大量的时间和精力去做别的事情，更重要的是，学习效果却完全没有打折扣。

尝到这种有规划的"高效学习法"带来的甜头之后，段晓峰开始研究，如何才能不断提高自己的学习效率。

段晓峰很快注意到，班上几个经常不能按时完成作业的同学都有一个相同的毛病：做题时容易分心，一会儿翻笔记，一会儿找画图工具，一会儿又东张西望，扭头和周围的同学说话……发现这一点之后，段晓峰意识到，无论是做题还是学习，最耗费时间的事情就是分心，一旦你不能集中精力，分心去做其他事情，那么必然会在不知不觉中把时间都浪费掉。

经过一路的探索和反思，段晓峰逐渐找到了最适合自己的高效学习法，成绩也开始突飞猛进，最终成为令人敬佩且羡慕的"学霸"。

在一次学习交流会上，段晓峰和同学们分享了自己一步步走上学霸之路的"秘籍"，他提到了三个关键点：

第一，有目的地做题，不盲目投身"题海"，力求用最少的时间和精力达成最佳的学习效果；

第二，开始做题之前先复习相关知识点，争取在做题过程中"一气呵成"，不要因为不熟悉相关定理或概念而一再翻查资料，打乱做题节奏；

第三，准备好一切所需的学习用具，不分心，不走神，集中精力才能提升学习效率，优化学习成果。

正因为有明确的规划，段晓峰才能不断提高学习效率，在有限的时间里收获了最多的成绩。可见，学习的确是讲求方法和技巧的，有规划才能出效率，出效率也才能出成绩。

Chapter

世上无难题，都怕"认真"二字

认真很简单，认真也不简单。

认真首先是专注，要长时间将注意力放在学习上，所谓凝神聚力，方有成绩；认真其次是执着，要执念于执行学习目标，但求有所进步；认真再次是细节，要从学习计划考虑到考试过程，才能运筹帷幄不乱方寸；认真最后是执行，说得再好，想得再好，归根结底还要去做，不做，空余蹉跎。

好坏成绩间，只差专注力

通过多年的教学经验，我发现小学阶段的学生比高年级的学生在学习方面要更容易一心二用，甚至是一心多用。比如有的同学在看书时通常喜欢一边听音乐一边看；有的同学在做作业时则喜欢开着电视机；还有的同学甚至在课堂上也喜欢一边听老师讲课一边玩橡皮擦⋯⋯类似的情况非常普遍。

我们知道，小孩子的思维是非常活跃的，任何一点风吹草动都能引起他们的关注。虽然这是小孩子典型的思维特点，却不能放任其发展，尤其在学习的时候，我们必须要让孩子懂得控制自己过于活泛的思想，一心一意把心思放到学习上，这样才能提高学习效率，提升学习效果。

去年我们学校小升初考试的"状元"曾晓是我一个朋友的儿子，在学校里非常出名，是典型的全能优等生。除了学习成绩一直名列前茅之外，曾晓还是校篮球队的一员，而且一直在学习钢琴和绘画。更令人惊讶的是，他从来没有参加过任何校外补习班，据我了解，他每天也都能保证充足的睡眠时间，甚至直到小升初考试的前一个周末，他还依然有时间照常打游戏、看小说。

不少人都夸赞曾晓是"天才儿童"，但负责任地说，曾晓虽然非常聪明，但确实还没达到"天才"的地步。他之所以能取得这样令人羡慕的好成绩，主要还是因为有非常良好的学习习惯，而这自然要归功于他的母亲，也就是我那位朋友了。我曾向这位朋友取过经，请教她如何才能培养出一个"状元"，朋友给出的答案非常简单：玩的时候痛快玩，学的时候专心学，遵循一心一意的原则，一次只干一件事。

为了验证这一"秘诀"的效果，我在女儿身上做了个小实验。

女儿和很多小朋友一样，喜欢一边听音乐一边做作业，她总说这样可以帮助她集中精神，提高做作业的效率，由于女儿每次也都能按时完成作业，因此在这方面我向来不怎么限制她。这回我和女儿做了个约定，要求她尝试一心一意做作业，不听音乐，也不干其他任何事情，看看效率是否能够提高。

起初，大概是因为耳边没有音乐，女儿表现得比平时更容易走神，作业做没多一会儿就这里摸摸，那里探探，再不然就拿起橡皮擦摆弄一会儿，结果就这样磨磨蹭蹭，浪费了不少时间。后来，为了帮助女儿集中精力，我专门给她辟出了一间小书房，里头摆放的东西十分简洁，力求不会分散女儿的注意力。另外，在她做作业期间，我把她的文具盒也没收了，以免她又像之前那样，连文具盒都能玩半天。

这样试了两天之后，效果依然没有达到预期，我又发现了女儿的另一个问题：容易发呆。为了帮助女儿学会控制自己过于活泛的思维，我在咨询一位钻研儿童心理学的朋友之后想到了一个办法：给女儿手上套一个橡皮筋，每次发呆走神，就让她用橡皮筋弹自己一下，以此来作为一种提醒和警示。

经过一系列的"斗争"之后，我和女儿都惊喜地发现，她的专注力比之前有了明显提升，更重要的是，在脱离音乐的"伴奏"之后，女儿完成作业的效率有了显著提高，相应地，她的玩乐时间也有了增长，这让女儿非常满意。

很多学生喜欢把学习与玩乐同时进行，以为这样就能提高时间的利用率，兼顾学与玩，但事实上，这种方法是非常错误的。就以听音乐为例，当你一边听音乐一边做作业的时候，难免会因为某段优美的旋律而分了心，中断对学习的思考；又或者因为专注于解某道题，从而忽略了精彩的歌词。最终的结果就是，玩没能玩得痛快，学也没能学得透彻。

要知道，无论做任何事情，三心二意的人是永远比不过一心一意的人的。因此，如果你的孩子到现在依然还有边玩边学的习惯，那么赶紧重视起来，督促他改掉这个坏习惯吧！

经常走神，如何成得了"学神"

在小学阶段的学习中，成绩好的学生和成绩差的学生，最大的区别不在于智商的高低，而是在于注意力是否能够集中。

我曾在很长一段时间内对班上学习好和学习差的学生分别进行了课堂观察，结果发现，那些学习好的学生，普遍在上课时精力是比较集中的，能够跟随老师的思维去听课。他们在学习的时候很少会受到外界干扰，哪怕是比较枯燥的内容，他们也能有意识地进行自我约束，尽量不让自己的思想开小差。

而那些学习成绩较差的学生则相反，他们的注意力几乎都很难集中，从上课铃打响开始，至少要在数分钟之后，他们才能让自己安静下来。此外，他们的注意力也非常涣散，任何风吹草动都能吸引他们的注意力，哪怕没有风吹草动，他们也得自己折腾点事情出来，要么抓抓头发，要么玩玩橡皮，要么和同学交头接耳。等到快接近下课的时候，又能明显看出他们的焦躁和坐立不安，脑袋东张西望，心思也早已飞到了教室外头。

在学习的过程中，老师所扮演的角色就像是一位"引路人"，为学生指引正确的方向，让学生循着这个方向去学习，尽量少走弯路，而课堂时间正是老师为学生指引正确方向的宝贵时间。能够把握有限的课堂时间，跟随老师思路前行的人，显然比那些白白浪费掉这些宝贵时间，自己像没头苍蝇那般乱窜的人要更容易接近并抵达终点。

有人曾做过这样一个实验：让一个人在注意力高度集中的时候背诵一篇课文，结果发现大约只需要读9遍，这个人就能基本将这篇课文背诵出来了；然而如果故意制造一些情况来让受试者注意力涣散，那么同样的一篇课文，他大概需要读超过100遍才能达到相应的背诵效果。

可见，注意力的集中与否对于学习效率和学习效果的影响相当惊人，人在教室心在外的话，成绩是永远也无法提升的。那么，最关键的问题来了——对于思维本来就较为活跃的孩子来说，到底怎样做才能集中注意力，尽量做到不开小差？在这里，我给学生们提三点建议：

一、养成积极举手回答问题的习惯。

很多老师在讲课的过程中都喜欢向学生提问，这样做一方面是想了解学生是否掌握先前所讲的内容，另一方面其实也是在变相地提醒学生，要跟上老师的思路，不要开小差。作为学生，如果能养成积极举手回答问题的习惯，与老师展开互动，那么对于自信心的提高和专注力的形成都是非常有好处的。

二、紧跟老师的推导思路。

老师在向学生讲述某一教学内容时，通常都会有一个推导过程。以数学为例，在讲数学公式的时候，老师通常会有一个推导演算的过程，来告诉学生该公式究竟是怎么得来的。由于这部分的内容很多时候课本上并没有，因此不少学生在听课时往往会忽略这些内容，转而花时间去死记硬背那些公式。但实际上，理解显然比死记硬背更容易形成长期记忆，因此，在听讲的时候，推导思路显然比推导结果要重要得多。

三、不钻牛角尖，想不通的问题暂且跳过。

每一堂课的时间毕竟都是有限的，老师不可能照顾到每一名学生的进度，因此在听讲过程中，每个同学大概都不可避免地会遇到没有听懂或暂时没有想通的问题。当遇到这种情况时，有的学生往往显得十分急躁，非得弄清楚眼前的问题不可。但老师讲课的进度并不会因个别学生需要"思考"而停止，往往等这些"钻牛角尖"的学生回过神来时，已经又错过不少重要的新内容了。因此，为了避免这种因小失大、顾此失彼现象的发生，在遇到想不通或听不懂的问题时，切忌钻牛角尖，只有保证好听课的连续性，才能提升整体听课效果，不浪费课堂上宝贵的每一分钟。

不放过任何细节，才不会因小失大

"老师，我忘带语文作业了，语文老师让我自己来办公室找您……"

听到于扬漾的声音在办公室门口响起，我不免有些头疼，这已经是于扬漾这周第三次忘带东西了。

要说于扬漾这孩子吧，成绩虽然算不上顶尖，但活泼热情，对老师有礼貌，在同学之中风评也很好，人缘一直不错，不管是老师们还是同学们都挺喜欢他的。可他就是有个毛病特别让人头疼——丢三落四。今天忘带课本，明天忘带作业，后天忘带橡皮擦……甚至有一次，居然连考试都忘记带铅笔了。

就于扬漾丢三落四这个毛病，我批评了他不止一次，每次批评完过后能好几天，可没多久又故态复萌了。看来这一次的问题必须得严肃处理，这种坏毛病可绝对不能纵容。我让于扬漾给家里打了电话，让家长把他落在家里的语文作业带来学校，借着这个机会，我也想和于扬漾的家长好好聊一聊，相互配合来帮助于扬漾改掉这种丢三落四的坏毛病。

来给于扬漾送作业本的是于扬漾的奶奶，老人家一见着我就慌忙过来，还不等我开口就拉着我的手急切地说道："老师，您看这都是我不好，我给扬漾收拾书包的时候也没注意这作业本在那书下头压着呢，这不是扬漾的错，您可千万别怪他……"

一瞧这阵势我算明白于扬漾这毛病是怎么惯的了。我把于扬漾的奶奶和于扬漾都请到了办公室，准备就忘带东西这个问题来好好聊一聊。

对于扬漾老忘带东西这个毛病，老人家似乎有些不以为意，认为不是什么大事，甚至还说了句："这男孩子嘛，就得粗养，要跟女孩子似的那么细致，以后长大了不得变成娘娘腔了！"听到这话可真是叫我哭笑不得，也难怪每次严肃处理完这事没多久，于扬漾又会故态复萌，原来这是背后有人"撑腰"呢。

我没有直接反驳，而是笑着看向于扬漾问道："于扬漾，老师记得你以后的梦想是当一名飞机师吧？"

于扬漾点了点头，老人家脸上也露出骄傲的神情。

我接着说道："那你知不知道，当一名飞机师，肩上的重任有多大？一架飞机上，除了你自己之外，还承载着上百名乘客的生命安全。更重要的是，在高空之上，任何一点差错都可能造成致命的后果，没有任何人会给你重来一次的机会。今天你忘记带作业，可以让奶奶来给你送，你忘记带橡皮擦可以向同学借，哪怕你考试忘记带铅笔，老师也能帮你想办法补救。但如果有一天，你成为一名真正的飞机师，肩负着上百人的生命安全飞行在高空的时候，你再因为疏忽而忘记了什么的时候，谁能来帮你补救呢？在那个时候，于扬漾，你会觉得后悔，会觉得愧疚吗？"

于扬漾看着我，神情有些紧张，还有些愧疚。奶奶张了张嘴似乎想说什么，但看了我一眼之后又闭上了嘴没说话。

我缓和了一下神情，平静地看着奶奶说道："很多家长都以为，孩子身上的一些小毛病不打紧，不是什么大问题。但实际上，一个人的行为习惯、对待事情的态度等，都是在小时候养成的，很多看似不重要的小细节，往往决定了你以后会成为一个什么样的人。忘带东西看似不是一个多严重的毛病，但这其实也是一种对待学习不认真、缺乏责任心的体现。课本、作业、橡皮擦、铅笔……对于一名学生来说，这些东西都是学习必备的工具，就像士兵的武器、裁判的口哨、指挥家的指挥棒……如果连这些东西自己都不能准备好，那么又怎么算得上是一名合格的学生呢？"

话说到这里，于扬漾眼圈已经有些红了，为了彻底帮他改掉这些毛病，我给于扬漾提了几点建议：首先，准备两个分栏的大文件夹，一个文件夹用来放课本，一个文件夹用来放作业，并且在每一栏上分别贴上各个科目的标签；其次，每天晚上临睡之前把第二天需要带的东西全部写在一张清单上；最后，每天早晨起床之后，对照清单清点一遍文件夹，然后再出门上学。

另外，我也和于扬漾的奶奶做了一个约定：把整理课本、收拾书包的事情全部交给于扬漾自己去做，让他在一点一滴的小事中学会承担责任。

别说只是失误，有些事不容有失

段骁是我的学生中令人印象非常深刻的一个男生，他头脑聪明，理解力强，课堂表现十分突出，尤其对老师在课上讲授的新知识，常常只听一遍就明白，还不时会说出一些让人刮目相看的独到见解。但奇怪的是，这样优秀的一位学生，考试的成绩却总是不太理想，始终徘徊在中游水平。

在一次数学考试过后，段骁和以往一样，拿到了一个不高不低的分数——85分。在课间休息的时候，我直接把段骁叫到了办公室，把卷子上他做错的题都挑出来，让他直接当着我的面重新演算一遍。结果，令人惊讶的是，这些错题他全部都会做。

我看着段骁问道："这些题现在都会做，为什么考试的时候就不会了？"

段骁挠挠头，指着卷子回答说："这个选择题我当时好像算对了，写答案的时候写错了……还有这个，我没看到题目里说的是这个角，我看成旁边那个了……啊，这题就更冤了老师，我考试之前做的那个习题上有一道题跟它差不多，就是求的不一样，我没注意就直接选了……还有这个，当时题目……"

　　听着段骁一题题讲解自己的失误，我真是气不打一处来。在把他叫到办公室之前，我就已经对他前几次的考试卷进行过分析了，我发现他最容易丢分的地方有两处：一个是明明不该出错的基础题；另一个是在表述方面有一定"欺骗性"的题目。通常来说，这两类题目的难度都不会太高，只要仔细一些，完全就是送分题。可见，段骁最大的问题还是出在态度马虎上。

　　"你这看来都知道分是怎么丢的了，那怎么不见改啊？明明会做的题，却因为一点小小的失误把分给丢了，不觉得很可惜吗？"我打断了段骁问道。

　　段骁不以为然地撇撇嘴，嘟囔道："老师，这不过就是失误而已，这些题我都会做，只要下次小心一点……"

　　段骁的态度引起了我的警觉，我把他的父母请到学校进行了一番谈话，希望能让他们对段骁做事马虎的毛病予以重视。

　　在很多家长看来，孩子会不会比孩子马虎不马虎要重要得多。客观来说，对于一般不太聪明的孩子，从不会到会的确比较困难，但对于那些聪明的孩子来说，马虎比不会所造成的负面影响则要严重多了。

　　小学生一开始几乎都有马虎的毛病，这不奇怪，毕竟是顽童，不需要太多的精细。而教育的目的，其实就是为了把顽童培养成优秀的人才。我们知道，对于一个优秀的人才来说，耐心、细心、负责等，都是必备的素质和条件，这些素质和条件都是需要孩子们在学习和成长的过程中自觉培养的。

　　马虎的形成有多方面的原因，比如孩子性格急躁便容易做事马虎；孩子对学习态度不认真，也会导致做事马虎；也或者孩子对于某些知识点不够熟悉，半生不熟地做起来自然容易马虎；再或者就是认知问题，因为没有认识到马虎的危害，所以没有引起重视……不管是哪一种原因，如果不及早纠正，放任下去，马虎很可能就会成为孩子的一种行为习惯，这对孩子以后的成长是大为不利的。

　　在生活中，因为马虎而造成重大事故的事例不胜枚举。一个小数点的计算错误就可能导致运载火箭升空失败，造成上亿的损失；一个数字的计算失误，就可能致使一座新建的大楼坍塌，让无数的生命葬送其中……可见，马虎的危害之大。在学习上同样如此，一旦孩子养成了马虎的习惯，轻则影响孩子的考试成绩排名，重则甚至可能会让孩子在重大考试中丢分，与理想的学校擦肩而过，从而改变了一生的轨迹。

所以，不要以为马虎只是个无足轻重的小毛病，今天你不重视孩子一道题的失误，明天可能就会让他因这点失误而造成难以挽回的损失和遗憾。

学习没计划，就像盲人骑瞎马

俗话说："凡事预则立，不预则废。"意思就是说，做任何事情之前，做出详细的计划就比较容易得到好的结果，相反，如果毫无计划，那么事情成功的可能性将会很低。在学习上也是如此，想要提高学习效率，用最短的时间达成最好的学习效果，我们就必须制订一个科学的学习计划。

虽然我一直在强调计划的重要性，但依然有不少学生对此不以为然，有学生就曾这么对我说过："老师，未来的事情是很难确定的，现在制订计划又有什么用呢？你根本没办法知道将来会发生什么，所以何必白费力气？倒不如看情况随机应变好了。"

说这话的学生是我们班上的同学赵谦。赵谦是个人"不如其名"的学生，虽然名为"谦"，但事实上他却是个毫不谦虚的人。赵谦非常聪明，这一点毋庸置疑，无论学什么东西他都学得非常快，但他的成绩在班上却一直只是中上水平。

在学习方面，赵谦比较缺少上进心，加之笃信自己的聪明头脑，所以通常也不肯多付出几分努力在学习上。此外，赵谦也是极其缺少计划性的人，每次不管做什么事情都喜欢随性而为，从来不会提前制订计划，也不肯听别人的意见。所以虽然赵谦的成绩并不差，但他在最令老师头疼的学生"黑名单"上却长期占有一席之位。

在学习上，赵谦就曾吃过没有科学计划安排的亏。

那是在一次全国小学奥林匹克数学竞赛举办前夕，学校规定每个班级都要选出几名"代表"进行特训然后去参赛，赵谦就是选出的几名"代表"之一。虽然赵谦的综合成绩排名在班上不过是中上游水平，但就数学这一科目来说，赵谦的单科成绩是非常优秀的，而且相比其他学科来说，赵谦显然也对数学这一科目更感兴趣。

在选出代表之后，按照学校的规定，每天放学后将会有老师来给这些代表"开小灶"，进行为期两周的特训。被选出来的学生大都觉得很开心，毕竟这是一个难得的提升机会，虽然会占用掉他们一部分的课余时间。唯独赵谦主动向我递交了假条，并表示自己最佳的学习时间在晚上，不在下午，所以不想参加特训，打算自己给自己"特训"。

赵谦所谓的"给自己特训"其实非常简单，就是每天回家急匆匆赶完作业之后就开始做奥数题，一连半个多月，每天都是这样。结果问题很快就出来了，由于把时间都集中放在了奥数训练上，赵谦原本就不是特别理想的其他科成绩出现了下滑，最直观的体现就是家庭作业上的错误率明显增高了。

我私下找赵谦谈了谈，也了解了具体的情况，我一再告诫他，应该科学地安排学习时间，制订学习计划，不能顾此失彼。更重要的是，大脑是需要缓冲和调适的时间的，如果长时间集中精神处理同一科目，那么长久下去，大脑也会感到疲乏，反而会影响学习效果。而且，据专家研究证明，我们在学习和思考不同科目的问题时，所需要用到的大脑思维也是不同的，也就是说，在学习的时候，如果我们能进行科学安排，平衡各个科目的学习时间，让大脑对各个偏重点不同的科目进行"交替学习"，那么不仅有助于我们转化思维，还能提高学习效率，让大脑在不同部位交替工作和休息中兼顾所有科目。

虽然我和赵谦谈了话，但很显然，有些骄傲自负的他并没有把我的话放在心上，反而投入了更多时间在奥数训练上，似乎打算以此来证明他是对的。一个半月后，参赛结果出来了，我们班级唯一获奖的只有学习委员小蒙，至于赵谦，他的最后得分甚至还没另外几个被选出来去参赛的学生高。要知道，在平时，他的数学成绩可是远远超过他们的啊。

学习是一件讲求科学和方法的事情，科学的安排和计划不仅能够帮助我们节约时间，明确学习目标，还有利于良好学习习惯的形成与培养。因此，不要觉得制订学习计划是一件浪费时间又没用的事情，正所谓"磨刀不误砍柴工"，没有计划性的学习是散漫松垮的，计划是实现目标的蓝图，只有制订了科学合理的计划，学生才能心无旁骛，朝着既定的方向抵达目的地。

高分的秘密：重视"零碎"知识点

很多学生在学习时都会走入一个误区：花费大量的时间和精力去攻难题，却对那些简单零碎的基础知识"不屑一顾"。

有一次，我班级里的一个同学侯保保就很郁闷地问我说："老师，我在学习上还是比较努力的，但我发现自己运气特别不好，每次考试都能遇到些我没有复习到的知识点。这是不是命中注定拿不了高分啊……"

侯保保的运气究竟差不差，这一点我也没法断言，但我可以肯定的一点是，考试成绩固然有部分运气成分的影响，但其所占比例是非常小的，还不足以到决定成绩高低的地步。至于侯保保所遭遇的这一"霉运"，说到底其实还是与他个人的学习方法和学习态度有关。

的确如侯保保所说，他在学习上也是付出了一定努力的，但问题是，他和大多数学生一样，总把学习重点放在了"大题"和"难题"上，花费大量时间和精力去攻克难题，却对一些极其容易得分的"小零碎"知识点视而不见。

为什么学生们都乐于去攻大题和难题呢？我曾听过这样一种说法：大题至

少有8分，最后压轴的难题至少也是15分起，一道题能顶前面两三道选择、填空题了！

确实如此，单看个体的分值，大题和难题的分值比基础题要高得多。但无论翻开哪一个科目的试卷，其实你都会发现，在整张试卷里，大题和难题的分值比重是极其有限的，真正占据了大部分分值比重的，恰恰正是那些被许多人"不屑一顾"的零零碎碎的基础知识点。况且，只要你认真留心，想要记牢那些零零碎碎的基础知识点是非常容易的，但想要攻克一道大题或者难题，不仅需要花费大量的时间和精力，而且成功率显然也比做基础题要低得多。所以，无论怎么想，真正能帮助学生取得高分的究竟是哪一区块，不言而喻了吧？

事实上，很多学生之所以迷恋攻克大题和难题，颇有些逞一时之强的心态在其中，想要以此作为炫耀的资本，毕竟相比起基础题来说，能够解决大题和难题，似乎更令人感到"佩服"。但考试就如同一场没有硝烟的战争一般，局部的精彩胜利是无法左右整个战局的成败的，想要成为最后的胜利者，唯一的方法就是极尽所能地获取更多的分数。

在听完我分析试卷的分值结构比重之后，侯保保露出了一副痛定思痛的表情说道："老师，虽然我认为局部精彩的胜利看上去比较酷炫，但考虑到我爸我妈的心情，我决定以后还是理智地争取全面胜利比较好……"

其实，重视"小零碎"的基础知识点，不意味着就非得放弃对难题的研究和攻克，这二者之间并不存在不可调和的矛盾和冲突。许多零碎的基础知识点其实都比较简单，有些甚至只需要我们单纯地进行记忆，因此，我们实际上根本不需要专门花时间来记忆这些知识点，只要懂得利用平时活动中的零碎时间来进行一些复习和记忆，这些知识点就足以留在我们的脑海中了。

比如学习委员小蒙，他的口袋里就总是装着一沓小卡片，卡片上记录着各个科目的一些知识点，包括需要记忆的数学公式、英语的固定搭配句型以及语文课文中或课外的一些名人名言和诗词歌赋等。为了尽可能地节约时间，小蒙通常是利用平时的一些闲散时间来记忆这些零碎知识点的，比如在公交车站等车的时候、排队买东西的时候、坐电梯的时候、看电视的广告间隙等，这些零散的时间是大家每天都会拥有的，虽然每次可能只有一两分钟，但用来熟悉一个公式，或者用来背诵一句古诗，绝对是绰绰有余的了。

错误多来自粗心，马虎是求知的大敌

我听过很多家长抱怨孩子做事太马虎，不认真，所以考试经常把不该丢的分给丢了。但问题是，抱怨归抱怨，真的从行动上重视起孩子"马虎"这个问题的家长却只有少数。在大多数家长看来，孩子"马虎"似乎是一种常态，一种无伤大雅的小毛病，每次念叨几句也就过去了，下次再犯依然如此。

心理学上有个非常有趣的现象，我们称之为"贴标签效应"，意思就是说，当一个人被周围的人贴上某种"词语名称"的标签后，这个人会不自觉地做出自我印象管理，使自己的行为与被贴上的标签内容相一致。也就是说，在孩子眼中，家长无疑是他们生活中的"权威评价人"，当家长反复用"马虎"这个词来形容孩子时，无异于是给他贴了一个标签。之前我们也说过，小学阶段的孩子对于自我的认知是不完全的，他们对自己的认识更多是来自周围人的评价，尤其是"权威人士"，比如父母、老师等。因此孩子往往比成年人要更容易陷入"贴标签效应"中。当他们从心理上认同父母的判断，认为自己的确就是父母口中所说的"马虎的人"，相应地，他们也会不自觉地做出自我印象管理，把马虎的毛病

"发扬光大"。正因为如此，我才多次建议家长们在与孩子沟通交流的过程中，要尽可能以鼓励代替埋怨，以积极评价代替消极评价，以免对孩子造成一些负面的心理暗示。

马虎是一种典型的心理问题，通常伴随着"注意力不集中、责任感缺失、缺乏毅力"等一系列的"副作用"，马虎的毛病拖得越久就越发不容易改正。因此，作为家长，一旦发现孩子在不知不觉中养成了这种负面习惯，一定要予以重视，不要觉得只是小孩子的毛病，引发不了什么严重的后果。要知道，有的习惯一旦形成，往往可能影响一生。

一位学生家长就提到，每次她发现儿子有马虎的行为时，都会先找原因，然后再引导儿子及时改正。在这个过程中，她会向孩子强调认真负责的重要性，但绝不会指责孩子"马虎"。用行动来纠正孩子的错误行为，显然要比用语言指责有用得多。

孩子之所以会出现做事马虎的情况，主要有以下几个方面的原因：

第一，态度问题。

马虎通常是一种不认真的表现，因为不认真，缺乏完成任务的责任感，所以在学习知识时往往囫囵吞枣，做作业也是凑合完成。

如果孩子马虎行为的成因是态度，那么家长就更应该以严肃的态度来面对这个问题了，必须要让孩子知道，马虎是一种极具危害性的恶习，绝对不能放任不管。

第二，性格问题。

有些孩子天生就是急性子，不管做什么事情都风风火火、忙忙乱乱的，乱中就难免会出错，于是便容易给人留下马虎的印象。

如果孩子的马虎主要是性格问题所引起的，那么想要纠正孩子的行为习惯，就得从性格方面开始着手，在生活中有意识地让孩子学会慢下来，培养孩子形成做完事情后进行检查的习惯，尽可能避免粗心大意造成的错误。

第三，熟练程度问题。

有的孩子在生活中并没有马马虎虎的毛病，但在做题时却常常"顾此失彼"，这很可能是因为知识点掌握不牢固的关系。通常来说，容易在做题时马虎的，往往是那些对题目一知半解的学生。对题目了解透彻的，已经是熟能生巧，很少出现错误；而对题目特别生疏的，那肯定是步步小心，生怕做错了；只有那些对题目一知半解的学生，才特别容易出现马虎的错误。因此，针对这种情况，帮助孩子有目的地进行复习，熟练掌握知识点才是最关键的。

第四，考试焦虑引发的问题。

有些学生在平时不管是做题还是做事，都是没有什么问题的，但是一考试就容易犯错误，在一些不该丢分的地方丢分。这种看似马虎的行为，实际上很可能是考试焦虑所引发的问题，不能单纯地以"马虎"来看待。对于这样的学生，家长应该以开导为主，帮助孩子减轻应对考试的心理负担，让孩子明白，分数并不代表一切，考试不过是一种自我检验的手段。只要能丢开心中的"包袱"，以轻松平和的心态应对考试，"马虎"的毛病自然就迎刃而解了。

不要一知半解，要学懂、学通

每次临近期末考试，我都会抽出一些时间来帮女儿复习功课，复习的方式就是我问她答。除了课本上常规的知识点以外，我通常还会问她一些比较"偏门"的知识，以此来训练她的思维能力，同时也是培养她独立思考的习惯。

在问答的过程中，我突然想起之前在一个奥数题集上看到的题目，觉得那道题目出得非常不错，创新性很强，但又不会脱离课本上所学过的知识点，于是我就把那道题出给女儿答。按照我的预期，虽然那道题形式新颖，也具有一定难度，但女儿只要认真思考，应该是能解答出来的。

结果，女儿在提笔算了一会儿也没找到头绪之后，居然一怒之下撂笔不写了，还一副怨怒的样子对我说道："这又不是课本上的东西，干什么老出这种题来为难我？"

看着女儿闹别扭的样子，我一板脸，严肃地说道："认真点，这怎么是为难呢？你要是把知识点都掌握牢靠了，再动动脑筋，这道题怎么会解不出来？解不出只说明你对知识点的掌握还不够透彻，运用得不熟练。"

如果是以往，女儿可能已经嘟着嘴乖乖继续思考去了，但这一次，女儿却是一副理直气壮的样子，大声说道："人家陶渊明老先生都说啦，好读书，不求甚解。知道什么意思吗？就是说多读书，没必要去抠着钻研得那么深！"

一听这话，我气乐了，前几天带她去亲戚家玩，她和上初中的表哥在房间里嘀嘀咕咕半天，竟然还顺道学了点东西来和我吵架啊。我斜了女儿一眼，说道："既然知道陶渊明老先生，那你一定知道陶渊明老先生读了多少书吧？单从这位老先生写的文章来看，大量引用了许多儒家经典，还有道家典籍，史书上的东西也不少。这些书你就算没读过，也听过吧？都是些特别有文化内涵的古文。此外，据说这位陶渊明老先生呢，还特别喜欢读那些非常奇特的书，比如什么《山海经》啦，《穆天子传》啦，这些书别说读了，大概你连听都没听过吧？你文化程度差人家那么多，哪里来的自信去和陶渊明老先生相提并论呢？"

女儿被我说的话唬得一愣一愣的，瞪着眼睛看着我，半天没说出来一句话。

我又继续说道："'好读书，不求甚解'后头两句是什么记得不？是'每有会意，便欣然忘食'。人家说的是，爱好读书，不去抠字面上的意思，但是要理解深层次的含义，每次能从中体会到新的东西，就高兴得连饭都忘记吃了。妈妈让你好好理解公式，你理解深层次的含义了吗？当然了，你要是理解了，这题不就做出来了吗？"

女儿不服气地瞪了我一眼，旋即又像泄了气的皮球一般默默拿起笔和稿纸转过身去接着算写了，顺便"放出"个背影来表示对我的抗议。

在我教过的学生里，大部分成绩平平、难以进步的学生和成绩优异的学生之间，最大的差别就是一个总是"不求甚解"，一个则习惯"打破砂锅问到底"。

不少成绩中等的学生都问过我类似的问题：老师，课本上的知识点我觉得自己都已经学懂了，可为什么每次考试我依然拿不到高分？

事实上，这些学生并没有理解什么叫作真正的"懂"。当你对知识真正做到学"懂"了的时候，那就不叫"懂"，而叫作"通"了。很多学生不明白这一点，总以为只要背会课本上的公式，做好课本上的习题，就叫掌握了知识点，但实际上，这不过只是蜻蜓点水般的一带而过罢了，距离真正学懂、学通，将其变成自己的知识，还有很大一段距离。

习惯不求甚解的人对知识的掌握是浅显的，他们往往在对某个知识点理解之后，就止步不前了。但那些成绩优异的人则不同，他们会对所学的知识进行进一步的深挖和思考，直到把一个个的知识点串联起来，找到其中存在的逻辑关系，打"通"知识与知识之间的逻辑关系，这才叫真正的学懂、学通。

所以，家长们应该让孩子明白，只有掌握了所学的知识点，将它们变为自己的东西，才能在不管面对什么样的难题时，都能做到迎刃而解，从而取得优异的成绩。

考试未得满分，一样可以"满分"

数学测验的卷子刚改完发下去，考了95分的陆漫希同学就趴在桌面上伤心地啜泣了起来。满分100分的卷子，考了95分，怎么想这个分数也是很不错的，怎么就哭起来了呢？想到小姑娘脸皮薄，我没有当堂问她，而是在课后把陆漫希同学私下叫到了办公室。

结果，令我大为吃惊的是，陆漫希哭的原因竟是：同桌王薇考了100分，班长段晓峰也考了100分，但自己只得到95分，回去妈妈知道一定不开心，所以觉得特别难受。

陆漫希母亲对她的严格要求我也有一些耳闻，据说这位母亲在家里所采取的就是典型的"虎妈教育"，而且她对陆漫希的要求极其苛刻：无论哪一门学科，只要考不到满分，就不算成功。

一直以来，我都在告诉学生，考试是一种对学习成果的自我检验，考试最重要的意义不在于你得到了多少分，而是在于你通过这场考试可以知道自己一段时间内的学习情况究竟怎么样。但即便如此，对于很多家长和孩子来说，他们对考试分数的关注，依然远远超过考试本身的意义和价值。

孩子有上进心是一件好事，但现在很多孩子对"100分"的过分热衷却已经扭曲成一种不健康的心理，这对孩子以后的学习与成长是没有什么好处的。

在我教过的学生中，那些有上进心的学生分为两种：一种是具有真正上进心的学生，不管成绩处于什么水平，只要每次都能有所进步，就能感到满足和愉悦；另一种则是对"100分"有着狂热追求的学生，这种学生成绩通常都很不错，但对考试分数的重视却有些过头，对于他们来说，考试唯一的意义就是分数，分数理想便能如释重负，若分数糟糕，那么必然会使得他们痛苦万分，挫败不堪。

对于像后者这类狂热追求满分的学生，我一直都感到十分担忧，他们对分数的过分重视，总有一天会成为难以负担的压力，将他们逼到崩溃的边缘。但对于这种现象，有时候作为老师，我其实也感到非常无能为力。

孩子扭曲的上进心通常是受家长态度的影响而形成的，就像陆漫希，因为母亲规定"不考满分就不成功"，所以才会在取得95分的高分之后依然痛哭流涕，没有丝毫喜悦。可见，家长传达出的态度，对学生看待学习的态度是有着决定性影响的。当家长表现出对考试分数的重视和对"100分"的热衷时，孩子自然而然也会因此而将"100分"作为学习的唯一目标，因为如果不能达成这个目标，孩子就无法从最权威，也最亲近的家长那里得到肯定，这无疑成了一种难以承受的痛苦和压力。

在小学阶段，大多数家长其实都会有这种"满分情结"，他们总认为，小学阶段的学习非常简单，要取得满分是件轻而易举的事情。因此，他们不断向孩子灌输这样的思想，让孩子以追求满分为学习的唯一目的，试图通过这种方式来培养孩子的上进心，提升孩子的自我要求。

然而事实上，不管小学阶段的学习有多简单或者有多难，要让孩子始终不出错几乎是不可能达成的事情。如果家长总以"100分"来要求孩子，却从来看不到孩子本身所取得的进步，那么久而久之，必定会给孩子造成难以磨灭的失落感与负疚感。即便偶尔得到了100分，这种成功的喜悦也是极其短暂的，因为孩子还需要担忧，万一下一次无法达成这个目标，自己又会怎么样……

对于身心发育还不完善的孩子来说，长期处于忐忑不安的痛苦之中，对人格的健全与发展都是极为不利的。其实，对每个孩子来说，属于他们的"满分"未必非得是"100分"，只要在考试中，他们能够将自己会做的题目认真做完，争取尽量不要犯错，拿下应得的分数，那么这个分数无论是多少，其实都相当于是孩子的"满分"。

我一直没有放弃向各位家长传递这样的一个观念，虽然我无法改变每一个人的想法，但哪怕能引起一丝一毫的思考，我想也是件非常有意义的事。

Chapter

正是问题，激发了我们去学习

善问者善学，师逸而功倍；不善学者不问，师勤而功半。

学问、学问，学须常问。孩子在学习过程中，常有疑处，问可解疑，解一疑便长一智。所以，不可因问题小而忽视问，不可因胆小而不敢问，更不可因怕丢脸而耻于问。孩子在学中发问，在问中求学，边学边问，才有学问。

学问学问，既要学，还要问

所谓"学问"，就是得边学边问。爱因斯坦就曾说过："提出问题往往比解决问题更重要。它意味着真正的前进。"法国文豪巴尔扎克也说过："打开一切科学的钥匙都毫无疑问地是问号。"

很多人都问过我一个问题：成绩好的学生和成绩差的学生之间最大的不同到底在哪里？

这个问题着实不好回答，造成成绩优劣的原因有很多，勤奋、认真、思维方式等，都会影响到学生的学习成果。但通过多年的执教经验，我发现，但凡是喜欢问问题、懂得问问题的学生，成绩通常都不会差。

美国著名的心理学家布鲁纳曾经提出过一种名为"发现法"的学习方法，就是让学生通过发现问题来掌握知识。我们说过，学习最大的意义不仅在于掌握知识，更重要的是培养独立思考的能力，促进理性思维的发展。

在接受新知识的过程中，善于思考的学生往往比单纯接受知识而不会深究原因的学生对知识的吸收率更高。我们知道，听讲是一项积极又紧张的思维活动，在有限的课堂时间里，你必须让大脑不停地运转，跟随老师的思维，去记住老师所讲授的知识点，并从这些知识点中辨别出重点与难点，着重进行理解和记忆。

大家都拍过皮球，想要让皮球持续不断地运动，我们就必须以一定的频率去拍它，如果我们停下手不去拍它，那么它的跳动幅度将会越来越小，最终静止在地面上。我们大脑的思维其实就像皮球一样，只有不断地接受刺激，才能保持高速地运转。

很多学生之所以在听讲的时候容易走神，就是因为他们只是单方面地接收老师所讲的知识，却没有进行自己的思考，这就好比让一个皮球自己在地面上跳动一样，没有手掌拍打的刺激，终究会停下来。而那些善于思考、喜欢提问的学生则不同，他们一方面接收着来自老师所讲授的知识，一方面在大脑中进行思考，从而发现问题、提出问题，在这样有来有往的刺激下，大脑的运转只会越来越活跃，学习效率自然也就随之而提高，这就是为什么我说喜欢提问、懂得提问的学生，成绩通常都不会差。

那么，可能有家长会问了："我家孩子脑子里没有问题怎么办？不知道该问什么怎么办？"有这样困惑的人其实不少，如果你的孩子也是个不善于发现问题、提出问题的学生，那么不妨尝试让他从这三点开始做起：

第一，多问自己"为什么"。

如果你的孩子是个不擅长提问的人，那么不妨帮助他培养一个习惯：多问自己"为什么"。比如学习到一个新的公式时，引导他想一想这个公式是如何建立的，建立之后有什么作用，为什么需要大家进行记忆等。做到某个题目时，引导他多想想这个题目为什么要这样解答，有没有其他更好的办法进行解答等。当他养成这样的思维习惯之后，问题自然就接踵而来了。

第二，多阅读，增加知识储备。

很多时候，问不出问题其实恰恰证明了学生知识的贫乏。当学生对一个东西毫无了解的时候，自然也就无从对它进行思考和提问了。因此，如果你感觉孩子不擅长提问，那么不妨多鼓励他进行一些阅读，增加自己的知识储备，当他涉猎的知识面越广，学到的东西越多时，他就越能发现问题、提出问题，从而在学习中不断提高，不断进步。

第三，敢于张口，想问就要问。

在不擅长提问的学生之中，有一部分学生不是没有问题，而是不敢发问。这样的学生可能是性格比较内向，不好意思提出问题；也可能是因为曾经的某些经历，打消了提问的积极性。如果你的孩子是这样类型的学生，那么一定要想办法帮助他克服内心的羞涩和胆小，让他敢于张口向老师或同学提问，把心中的疑惑解开。

著名的教育家、思想家陶行知先生就说过："发明千千万，起点是一问。禽兽不如人，过在不会问。智者问得巧，愚者问得笨。人力胜天工，只在每事问。"只要心中有疑惑，就勇敢张口问出来，学问就是在问中学，从而在学中进步的。

老师又不是罗刹，害怕干什么

前段时间，我们班级新转来了一位女同学，名叫陈悦尔。通常来说，刚转学来到新班级的学生，表现较为胆怯也是正常的，毕竟需要面对一个全新的环境，总需要一段时间来进行自我调节。但陈悦尔的胆怯却远远超出了我的预期，尤其是她对老师的惧怕，更是让我感到哭笑不得。不少老师都向我反映，说陈悦尔在课堂上回答问题的时候，头都不敢抬起来，声音也小得像蚊子。有一次语文老师听不清楚她的声音，提醒了一句让她大点声，结果陈悦尔眼泪"吧嗒吧嗒"就往下掉，让脾气温和的语文老师颇为郁闷。

我本来试图和陈悦尔谈一谈，增进一下师生之间的感情，可陈悦尔一见着我，或者说一见着老师，就跟老鼠见了猫似的，恨不得躲得远远的，有一次我把她叫到办公室，还没开口说话呢，她就眼圈先红了。没法子，我只得联系了她的母亲，把这一情况告诉了她。

陈悦尔的母亲告诉我，陈悦尔从小就是个特别内向、特别害羞的孩子，在上一个学校的时候，陈悦尔的班主任是个比较严厉的人，陈悦尔非常怕他。有一次，陈悦尔考试作弊被老师发现，受到了班主任严厉的批评，陈悦尔的父母知道这件事之后，也狠狠教育了一通陈悦尔。结果自从那件事情之后，她就越发害怕老师了，后来甚至连学校都不愿意去，百般无奈之下，陈悦尔的母亲想着给她换个新环境，这才想尽办法把她转学到了这里。

听了陈悦尔母亲的话，再联想到陈悦尔那副怯生生的样子，我认为那次考试作弊的事情很可能就是陈悦尔的一个心结，只有解开那个心结，才能让陈悦尔打开心扉，鼓起勇气来面对让她感到"恐惧"的老师，而这件事情很显然只能由她的父母去做。

我建议陈悦尔的母亲和陈悦尔谈一谈那起作弊事件，不要抱着批评或者讲道理的情绪，只是单纯地听她讲一讲内心的感受，让她能够在一种宽松的、自由的氛围下表达自己的心情，陈述整个事件的经过。

此外，我还建议陈悦尔的母亲在平时多注意引导陈悦尔学会换位思考，培养她的同理心，让她能够懂得站在老师的角度去看问题，在这种换位思考中减轻对老师的恐惧和抵触情绪，也让她明白，老师也只是一个普通人，不是什么洪水猛兽，没什么可怕的。比如说在家里的时候，可以让陈悦尔扮演"老师"的角色，父母来扮演"学生"，重现课堂上的情境，让陈悦尔明白，当她回答问题的时候，声音太小老师会听不清楚，而老师提醒她大声一点的时候也并不是在批评她。

更重要的是，作为家长，一定要让孩子有发言的权利。很多时候，孩子性格的形成与家庭的影响是有很大关系的，孩子之所以胆怯，往往是因为得不到足够的支持，而这种支持主要就是来自家庭。就以陈悦尔作弊的事件来说，作弊固然是不对的，但是作为家长，在教训孩子之前，必须要给孩子一个发言的机会，听一听孩子的陈述与老师所了解的情况是否有出入，然后再客观地了解情况，最终做出正确的"裁决"。如果家长总是不经调查就草率表态，一味批评孩子，或者一味指责老师，那么对孩子以后的人格形成必然都会产生极坏的负面影响。

至于孩子，则要敢于发声，把自己的内心勇敢地表达出来。不管是对父母还是对老师，有意见就要勇敢地提，有想法就要勇敢地去沟通，这样才能增进对彼此的了解，也才能解决彼此之间存在的问题。

后来，陈悦尔的母亲给我打了一通电话，告诉了我和陈悦尔沟通的情况。原来当时的作弊事件，是别的同学擅自把纸条丢给了陈悦尔，让她帮忙传给别人，结果却被老师发现了，而胆小的陈悦尔因为心里害怕，连一句辩解的话都说不出来，这才被班主任误会她"作弊"。这种委屈又恐惧的心情一直压抑在心里，这才让陈悦尔对老师产生了强烈的抵触情绪。

现在，虽然陈悦尔在面对老师时依然表现得不太自在，但至少在课堂上她已经可以用正常音量来回答问题了，这也让我甚感欣慰。

向同学询问，怎么就丢人了？

现在基本上每个老师都会鼓励学生在班级里组成一些"学习互助小组"，来发挥各自的所长进行互相帮助，在相互学习和相互竞争中不断提高。我们班级自然也不例外，但为了保证"资源"分配得当，我并不提倡让学生进行自由组合，而是由我亲自根据不同学生的学习情况及特点来进行"强制"分组。

强制分组最有利的地方就在于，我可以根据不同学生的特点来进行恰当的组合，让每一组的学生都能相互取长补短，实现"资源"配置最优化。至于缺点，当然主要就是集中在人际关系问题上了，毕竟是老师强制进行分组，未必每个学生都会对自己的组员感到满意。比如班长段晓峰就是头一个因为分组问题向我抗议的学生。

段晓峰在班上的综合成绩是数一数二的，但他也有两个弱项，一个是语文的写作；一个是数学的思维创新题，尤其是图形类的题目。因此，在分组的时候，我把数学成绩比较一般，但非常擅长写作文的甘婷婷，和综合成绩处于班级中下游，但思维活跃，尤其擅长思维创新题的卢跃和他分在了一组。从综合排名上来看，甘婷婷和卢跃显然都拖了段晓峰的"后腿"，也正因为如此，在分组刚一公布的时候，段晓峰就到办公室抗议来了。最终的结果当然是抗议失败，在我分析讲述了一堆道理后，段晓峰悻悻而归。

作为班长的段晓峰是个很有责任感的人，因此虽然不情愿，但他依然尽心尽力地帮助甘婷婷和卢跃，每次他们遇到不会做的题目，段晓峰都会耐心地给他们讲解。但一段时间之后我就发现，在帮助组员这一点上段晓峰虽然做得很好，但他自己遇到不会的题目却宁愿跑到老师办公室请教，也不太愿意请教和他一组的同学。

在段晓峰又一次跑到办公室来问我一道图形题的时候，我忍不住问他说："这道题你和卢跃讨论过吗？他很擅长做这类型的题目。"

段晓峰想也不想就回答道："老师，你别闹了，卢跃能问出什么来啊，他考试都老不及格，他能知道什么！"

"晓峰，你觉得老师为什么把你跟甘婷婷和卢跃分在一个组？"

听到我的问题，段晓峰不假思索地回答道："要我帮他们提高成绩呗，尤其是卢跃，我是班长，得盯着他好好完成作业，不然他一放学准跑去打球。"

"这当然也是其中一个原因，"我无奈地点点头，"上次你来抗议不和他们一组的时候我不是就告诉过你，之所以把你和甘婷婷还有卢跃分在一组，是因为你们之间可以很好地取长补短。你的成绩是非常好的，可以更多地帮助甘婷婷和卢跃，但同样的，甘婷婷和卢跃对你也有一定的帮助。比如甘婷婷，她作文写得非常好，而你在这方面比较薄弱，可以多向她请教请教；还有卢跃，虽然他综合成绩不是很好，但他思维很活跃，尤其是做你不怎么擅长的创新思维题和图形题的时候，你可以和他多交流，多讨论。"

听了我的话，段晓峰脸上露出一丝委屈的神情，嘟囔道："甘婷婷也就算了，让我去请教卢跃——他可老是倒数那几名，我请教他还不得被其他同学笑死，太丢人了……"

　　"有个成语叫作'不耻下问'，你应该听过吧？"见段晓峰点了点头，我接着说道，"像孔子这么有学问的人，遇到不明白的事都愿意虚心向别人请教，难道你不可以吗？再说了，孔子之所以能取得这么高的成就，学到这么多的知识，不也正因为他能谦虚地向别人请教吗？如果他总想着，自己特别厉害，特别了不起，遇到不懂的问题，因为觉得对方不如他，所以也不肯开口向人讨教，那么还怎么让自己进步呢？每个人都有自己的优点和长处，都值得别人学习。就像一个银行家和一个水管工，大家都觉得银行家要比水管工厉害得多，但即便如此，银行家家里的管道出了问题，不也还是得找水管工来帮忙修吗？"

　　说完这些话，我把卢跃以前做的一些类似的题目拿给段晓峰看了看，虽然他脸上的神情依旧有些不服气，但最后段晓峰还是决定先回去和卢跃讨论一下。相信在彼此的帮助之下，他们一定能够学到不少东西。

哪怕答错了，也好过不敢举手

在课堂上提问的时候，我一直都鼓励学生们勇敢举手回答问题，哪怕答错了，我也会表扬那些敢于主动举手回答问题的同学。事实证明，这种"鼓励政策"的确有着非常积极的作用，在"鼓励政策"的推动下，我们班的课堂氛围一直都保持得非常好。

我之所以一直坚持这个"鼓励政策"，主要还是得益于我执教上一届学生时候的经验。那时候，我所执教的班级里有一名女同学叫罗秀秀，她是个非常勤奋踏实的女孩，但在学习上总是缺乏一些主动性，为此我和她的家长也沟通过好几次，希望家长能够从侧面推动一下，让她能在学习方面积极主动一些，尤其在课堂上多回答问题，和老师进行互动。

在开始的一段时间里，虽然父母一直从旁鼓励，但罗秀秀的情况并没有多大改善，还是和从前一样，老师一提问就把头埋下，生怕被叫起来回答问题。后来过了一段时间，我发现罗秀秀突然有了很明显的改变，似乎不再抵触上课回答问题了，有几次甚至还主动举手到黑板上做习题。罗秀秀的表现让我大为吃惊，在她增强学习主动性之后，成绩也有了明显的提升。

后来我找了个机会，和罗秀秀私下进行了一番交流，她告诉我，一开始不敢举手回答问题，是害怕自己答错了被老师批评，被同学取笑。之后在父母的鼓励之下她开始有些心动，但始终都克服不了内心的紧张。直到有一次在语文课上，语文老师让人起来朗诵一段课文，她鼓足勇气举了手。那次朗诵她紧张得声音都在发抖，但朗诵完毕之后，语文老师却热情地当场表扬了她，让她在紧张之余内心有了小小的成就感。之后，她从只敢在语文课上举手做一些朗读和背诵，到渐渐能够鼓起勇气回答一些老师的提问，逐渐地，她内心的紧张感也消除了不少，在各科的课堂上也都能够举手回答问题了。

罗秀秀的经验让我意识到，老师的表扬和鼓励对学生有着非常积极的影响，在那以后，无论何时我都始终奉行"鼓励政策"，希望能够通过这种方式来消除同学们心中的紧张感，让大家能够更积极踊跃地在课堂上发言。

通常来说，大多数学生在课堂上不敢举手回答问题的原因不外乎三个：

第一，和罗秀秀一样，害怕答错受到批评或嘲笑。

其实，这种认知是非常错误的。老师在课堂上提问，一方面是为了加强学生对知识点的记忆和理解；另一方面也是为了和学生进行互动，提醒学生跟紧老师的思维，不要走神，对错其实根本不重要。上课答错题没什么可觉得丢脸的，相反，答错题往往还能加深我们对某一知识点的印象，避免自己在之后的练习或考试中因为犯同样的错误而丢分。

第二，本身性格胆小、内向，不太敢当众发言。

有的学生天生性格就比较胆小内向，特别容易紧张，常常是老师问题刚问出来，还没举手就开始紧张，心如擂鼓，更别提主动举手发言了。我遇到过一个学生就是这样，每次一当众发言就紧张得说话结巴，同学们再一笑，就更是紧张得连话都说不清楚了，有时候甚至连本来都已经算出来的答案都会忘记得一干二净。

很多这样胆小内向的学生，说到底其实都是自信不足。面对这样的孩子，最重要的就是要帮助他们树立信心。比如在家里，父母可以扮演老师，让孩子来扮演学生回答问题，回答时要求他们站姿挺拔，声音洪亮，反复几次之后，对增强勇气和自信心都会有一定帮助。等到了课堂上，就能减少一定程度的紧张感了。

第三，听不懂老师所讲的内容。

在讲课的时候，一个老师通常需要面对四五十个学生，因此在讲课进度和难度的把握上，不可能兼顾到每一个人。在这种情况下，难免会有一些基础较差的同学跟不上学习进度，听不懂老师讲的东西，更别说回答问题了。面对这种情况，我们唯一能做的，就是帮助孩子尽快掌握所学的知识。但问题是，之前也说过，老师与学生是一对多的关系，不可能兼顾到所有人，这就需要学生自己主动积极一些，遇到不懂的问题主动向老师提问、请教，这样才能让老师了解你的情况，从而给予你适当的帮助。

准备一个问题本，别让问题溜走了

在学习的过程中，如果没有问题，就很难产生思想的碰撞、智慧的火花，因此我一直都鼓励学生多思考，多提问。但每个学生的认知结构都不同，基础也有一定差异，在学习过程中所产生的问题自然也不一样。一堂课只有40分钟，老师不可能在讲课之余还能解答所有学生的问题，在这种时候，"问题本"的存在就显得极为重要了。

我最初设置"问题本"的灵感还是来源于班级的"交流箱"。之前说过，为了和学生更好地进行沟通交流，我在带每个班级的时候，都会设置一个"交流箱"，学生可以把自己的想法、意见等写在纸上，放到这个"交流箱"里，我会定期进行查看。有一段时间，我发现在"交流箱"里常常会出现一些学习方面的问题，提问的是班上一个性格内向、不爱说话的女学生。后来有一次，我正好碰到这个女生自己在教室，我便好奇地问她，有不懂的地方为什么不直接问老师，而要通过"交流箱"的方式来向老师提问呢？

当时，那个女学生红着脸回答我说："我觉得自己想问的问题可能太简单

了，别人都懂就我不懂，所以不太好意思问。写字条的话不用写名字，老师也能
看到问题，可能就会在课堂上讲一讲。"

那个女学生的话让我意识到，有很多学生可能和她一样，不提问不意味着没
有问题，可能是不好意思提出，也可能是当时的情况不适合提问，过后就把问题
搁置或者忘记了。为了改变这种状况，帮助学生们养成记录问题、提出问题的习
惯，我对同学们提出了一个要求，即让每个人都准备一个课堂"问题本"，专门
用来记录自己在学习过程中所遇到的各种问题。

为了培养学生独立思考的能力，同时也为了让他们养成提问的习惯，我向同
学们提出了两点要求：

第一，在每次上新课程之前，每个同学都要在预习过程中准备三个以上的问
题，记录在"问题本"上。上课前5分钟，通过自愿或点名的形式，让一部分学
生把自己准备的问题提出来，然后再开始讲解新课程，让学生在听讲的过程中找
寻答案。对于这些问题，我通常都不会直接给出回答，而是让其他学生先发表自
己的意见，最后我再统一进行补充。

第二，在老师讲课的过程中，学生要边听边思考，不管想到什么问题，都要
记录在"问题本"上，等老师讲完课后，对自己记录的问题进行整理，将没有得
到解答的疑问重点画出。如果时间充足，可以当堂向老师提问，如果课堂时间不
足，也要主动在课间或课后解决这些疑问。通常来说，每堂课上我都会留出几分
钟的时间，来让大家进行自由讨论，将大多数同学都有疑问的地方指出来进行统
一讲解。

除了对学生的这两点要求之外，我自己同样也准备了一个"问题本"，专门
用于记录大家提问的情况，以及所提问题的类型和主要涵盖的知识点等。通过这
个"问题本"，我可以更好地了解班级同学在学习方面的情况，也能对每一位同
学在学习方面的强项和弱项有更进一步的了解。

　　之后，在每周的班会上，我都会拿出15分钟左右的时间来进行学习总结，并和同学们一起评选出本周的"最佳提问"，以此来调动学生思考问题、提出问题的积极性。此外，这样的评选其实也相当于是再次向学生强调所学知识点中的重点和难点，对加深学生对知识点的记忆有着很大帮助。

老师的提问里"暗藏玄机"

在多年的执教生涯中，我发现一件很有趣的事情：每次上课一提问，总会有一大部分学生把头低下去，生怕和我有眼神接触，被叫起来回答问题。

害怕当众起来回答老师的提问，这似乎是很多学生的通病。我问过不少学生，到底为什么不敢举手回答问题，他们是这样回答的：

"万一答错了怎么办，会被大家嘲笑的。"

"就是心里紧张，害怕自己不会答或者答得不好。"

"我知道答案，但是不想举手说，显得好像我特别爱出风头似的。"

……

无论基于哪一种原因，这部分学生显然都没有意识到老师在课堂上的提问到底有多重要。

考试是我们现在检验学习成果以及选拔人才的主要方式之一。一个学年中，我们会学习到、接触到的知识数目是非常庞大的，而检验我们学习成果的考试卷容量则非常有限，不可能涵盖所有我们学习到的知识点。此外，考试题目所涉及的知识点中，也有重难点之分，有的知识点在其中的运用可能会比较广泛，有的知识点则可能只是"蜻蜓点水"式地被带过，还有的知识点则需要深入挖掘理解……也就是说，知识在价值上虽然没有等级之分，但在考试卷上却是有分值之别的。想要考试拿高分，除了努力学习、掌握知识点之外，还得了解老师的出题心思。

以前有位同学就这样对我说过："老师，我觉得学习任务太繁重了，根本不可能每天都有时间复习刚学完的知识点，光课堂上记的笔记我都看不完，更别提自己去思考回顾老师讲过的东西了。"

这位同学是个非常认真的学生，我看过他的上课笔记，记得十分详细，上一堂课他能记下好几页的笔记。这种认真的学习态度我是非常欣赏的，但问题是，过于详细的笔记也给他带来了一些问题——复习时占用大量的时间，就像他上面所说的"光笔记都看不完"。

我们说过，人的遗忘是有规律的，因此只要按照遗忘的规律来科学地进行复习，就能用最少的时间来达成最好的学习、记忆效果。而刚学习完新知识之后的那段时间是遗忘最为快速的时段，因此我一直都有向学生强调课后复习的重要性。我们每天的学习任务都是非常繁重的，除了上课之外，还有家庭作业需要完成，此外，也总得给自己留出休闲放松的时间，因此不可能花费大量时间在复习上。为了尽可能节省时间，提高效率，我们在复习时就必须分出重难点来，对重要的、较难的知识点进行重点复习，而对简单的、不重要的知识点则快速带过。

有人可能会问了：那到底哪些才是重难点呢？这个答案，其实老师在讲课的时候就已经给出了。

在上课时，每当讲完一个知识点时，老师通常都会向学生提出一些问题。一方面，提问可以增强师生之间的互动，提醒学生跟上老师的思路；另一方面，提问可以让老师更清晰地掌握学生的学习情况；还有很重要的一方面就是，通过提问，老师可以就某些重点、难点的问题来帮助学生加深印象。也就是说，每一堂课上，哪些知识点是重点、难点，其实老师已经通过提问向学生指出来了。

我教过的另一名学生就很聪明，他同样也是个喜欢记笔记的人，每堂课记下的笔记内容同样非常繁多且详细。但他有一点做得很好，那就是在记笔记的时候，他会用另一种颜色的笔记下老师在课堂上提过的问题。这样，等到课后复习时，他就只需要着重回忆这些颜色不同的笔所记下的内容就行了，其他则快速翻阅一遍。这样不仅节约了他花费在复习方面的时间，而且还帮助他更好地对知识点进行了梳理和归纳。

后来，我让这位同学将自己记笔记的方法分享给了其他学生，之前那位向我抱怨学习任务繁重的同学也总算找到了提高复习效率的方法。各位家长也可以参照这个方法，帮助孩子们提高学习效率，更重要的是，要让孩子明白，老师在课堂上的一举一动必然都是有意义的，那些让学生感到紧张不已的提问中，实际上正藏着能够帮助学生提升学习成绩的"宝藏"呢！

有疑问当下解决，别拖延过夜

俗话说，学贵有疑，小疑小进，大疑大进。

什么意思呢？就是说，人在做学问的时候，最重要的就是得有存疑精神，能够提出疑问，怀疑得越多，能够提出的疑问越多，你就越能取得进步。

学习知识和认识人是一样的，你想要认识一个人，你就得去探索他，对他提出疑问，然后通过和他的交流来得到这些疑问的答案。你对他的疑问越多，在与他交流的时候，为了寻求这些答案，自然就会交流得越深入，当然你也就越发地了解这个人。相反的，如果你对一个人没有丝毫疑问，也提不起探索对方的兴趣，那么哪怕你们朝夕相对，没有交流你也根本不算了解他。

好的学生总是带着疑问听课的。能够对某个东西产生疑问，说明我们对这个东西进行过思考和探究，而在这些疑问得到解答的同时，我们对这个东西的了解也在相应地加深。学习知识也是这样，光是被动接受是远远不够的，你必须自己去思考、去探索，才能真正把这些知识装进你的脑海里，成为你思想的一部分。

李梦迪是我以前教过的一个学生，是个非常文静、不喜欢说话的女孩子，无论在课上还是课后，几乎都很少开口。她的成绩在班上也是中等水平，不好不坏，总体来说，她就是个特别低调，而且不引人注意的女孩。但是，自从进入五年级之后，她就像变了个人似的，不仅会在课堂上主动举手回答问题，在课后还成了个"问题宝宝"，三天两头就拿着笔记本往办公室跑。

李梦迪的变化让我非常吃惊，有一次她又到办公室来问问题的时候，我终于忍不住好奇地问了她，究竟为什么会发生这么大的改变？当时，李梦迪有些害羞地笑了笑，然后回答我说："老师，我一直都很想考上××中学（我们当地的重点中学），我表姐就在那里上学。但是我成绩不好，考上的希望估计也比较小。上个暑假的时候，我表姐到我家玩，她告诉我说以前她学习成绩其实也不怎么好，后来她反思了一下自己的学习状况，发现自己存在的最大问题就是，在学习过程中有问题不会问，时间一久，不会的东西就越来越多了……我发现其实我也一直有相同的问题，我希望能彻底改掉这个毛病，像我表姐一样，这样才有希望考上××中学！"

后来，李梦迪同学确实如愿被××中学录取了，在小升初考试中拿到了非常优秀的分数。

在学习的过程中，很多知识其实都是有连贯性的，前面没学好，没掌握牢靠，往往对后面的学习也会造成一定影响。所以，在学习的时候，只要遇到疑问，就应该马上解决，这样才能确保往后学习的顺利进行。

不少同学都不太好意思向老师提问，有的是因为性格内向害羞；有的是怕提出的问题太浅显而"丢脸"；还有的甚至是因为怕被同学说自己向老师"献殷勤"。不管是哪一种情况，产生疑问却不解决，都只会让问题越拖越久，越拖越多，甚至有时候连自己都给忘记了，而到头来影响的，也只是自己的成绩。

所以说，家长一定要鼓励孩子，在学习中，有疑问就开口问，不要把问题埋在心里，堆积起来。当问题堆积得越来越多之后，只会让孩子产生积重难返的感觉，甚至由此而对学习产生厌倦和恐惧的情绪，到那个时候，一切就都来不及了。

"问题不过夜"，这是我向每个学生都强调过的学习准则之一。学习是一个连贯而持续的过程，每天都有相应的学习任务需要学生去完成，这些学习任务往往是环环相扣的，任何一个环节出了毛病，都会影响到下一个环节的继续。因此，今天产生的问题一定要今天解决，不要总想着"等一等"或"缓一缓"。

因此，家长需要做的，就是帮助孩子养成提问的习惯，让他们明白，提问是吸纳知识过程中必不可少的一项学习技巧，从提出问题到解决问题，实际上正是一个加深对知识的理解和掌握的过程。

别只问结果，多思考“为什么”

每次考完试讲解错题的时候，学生们总是会急切地追问“答案到底是什么”，似乎只要知道答案，这个题目也就可以过了。这是很多学生在学习时都容易犯的一个毛病：眼睛总盯着结果，却忽略了真正重要的过程。

罗佳佳是我的一名学生，在学习方面非常勤奋刻苦，但成绩却一直都不是很理想。为了帮助罗佳佳找出阻碍她成绩进步的原因，我和她私下交流过很多次。

有一次刚考完试，我发现罗佳佳在抄数学卷子上的错题。原本这没什么奇怪的，我曾经要求过每个学生都要准备一个错题本，用来记录自己在考试中做错的题目，并认真分析产生错误的原因。但罗佳佳在抄错题的时候并没有按照我所要求的对题目进行分析，而是把做错的这道题抄了好几遍。我觉得很奇怪，便好奇地问她：“你为什么要把错题抄好几遍？”

结果，罗佳佳回答我说：“因为做错了，所以多抄几遍，这样就记得了。以前学生字的时候，每次写错了，语文老师都会让我们抄两行，这样就会记住下次别犯错了。"

的确，抄写对于促进记忆是非常有效的，但问题是，数学是一门非常灵活的学科，它和学生字词是完全不同的。一个生字，无论放在哪个句子里，它都是这么写。因此，写错了字可以多抄几遍，牢牢记住这个字。但数学题不同，每一个知识点都能千变万化地编出许多题，变化一个数字，或者更改几个条件，一道题就能完全变成另外的题目，抄写再多、记得再牢又有什么用呢？

一道错题，不对它进行分析，找出出错的原因和思路上的错误，哪怕知道了正确答案，下次变个数字，变个条件，照样还是可能会出错。眼睛只盯着答案，那么学会的只有眼前这道题，但如果懂得多问几次"为什么"，懂得分析出错的原因，琢磨出正确的思路，那么以后再遇到同样类型的题，哪怕它再怎么千变万化，也始终能找到正确的切入点和突破点。

古人说："授人以鱼不如授人以渔。"意思就是，与其送给别人几条鱼，倒不如教授别人钓鱼的技巧。毕竟再多的鱼也总有被吃完的一天，但只要拥有钓鱼的技巧，那么随时都能为自己钓上鱼来吃。

在学习中，题目的答案实际上就相当于"鱼"，而解题的方法和思路则是"钓鱼的技巧"。不用付出辛劳就能直接得到"鱼"固然令人欣喜，但如果有一天，这"鱼"吃完了，又该怎么办呢？

在讲解错题时，学生们都渴望能尽快知道答案，这种"想赶快吃到鱼"的心情可以理解。但具体的答案所对应的，只是眼前的这一道题而已，离开这道题，这个答案也就毫无意义了。真正有价值的，恰恰正是得出答案的过程，只有掌握了这个过程，我们才算是真正读懂了这道题，学会了与这道题相关的知识点。

为了让学生们能够多问、多想、多思考，后来在讲解习题的时候，我不再直接给出答案，而是通过讲解思路和方法，让学生们自己去算出结果。至于罗佳佳，为了彻底改掉她不正确的学习习惯，每次考完试之后，我都会要求她在错题本上分析自己做错的每一道题，并将本子交给我进行"审核"。现在，她不仅在成绩方面有了非常明显的进步，而且在给学习小组的成员讲解题目时也能做到条理清晰、逻辑严密了。

骄傲自满是我们的一个可怕陷阱

　　谦虚使人进步，骄傲使人落后——无论在哪一个领域，这句话都是非常有道理的，学习方面尤其是这样。

　　在学习的道路上，阻碍学生前行的最大障碍往往不是学习的困苦，也不是学路的难行，而是那颗骄傲自满的心。当学生拥有一颗骄傲自满的心时，便总以为自己已经抵达巅峰，眼里再也容不下远方的目标；当学生只能看到自己的成就，却无法看清自己的缺点时，便总以为自己已经足够完美，再不会存有改变自己的决心。

　　但事实上，学习的道路是永远没有尽头的，任何一门学科都如同漫无边际的海洋和无穷无尽的天空一般，谁都不可能将其尽数掌握在手中。知识的海洋是永远没有"巅峰"可言的，挖掘得越深，只会越发为知识的广博而感叹；学习得越广，便越发只会因生命的渺小和短暂而叹息。在知识面前，任何人都应长存谦虚的态度，唯有保持一颗谦虚的心，我们才能放开怀抱，汲取知识，不断进步。

赵昕是我教过的学生中相当容易骄傲的一个孩子，他非常聪明，也非常好学，但同时也非常容易自满，不管学什么，只要掌握了一点皮毛之后，便总以为自己已经窥探到了其中的"奥秘"，恨不得"尾巴"都要翘到天上去了。由于这种"半吊子"的性情，赵昕常常学什么都很快，但偏偏学什么却又都学不好。

一次，我去赵昕家做家访，在和赵昕母亲聊天的过程中，我发现一个现象：赵昕的家人都特别喜欢夸奖他。比如赵昕给我泡茶的时候，他母亲就会在一边夸奖他勤快、有礼貌；赵昕在做作业的时候，他下班回家的父亲也会一个劲儿夸他乖巧、用功；哪怕赵昕主动出门去丢个垃圾，赵昕的爷爷奶奶都要夸几句。赵昕的母亲告诉我，这是他们家想出来的"夸奖式激励"教育法，即用赞扬的方式来鼓励孩子多做事情，多学习，用成就感体验来激励他。听完这些，我总算明白，赵昕那骄傲自满的性子是怎么养成的了。

在教育孩子方面，许多专家都提出过一个观点：以鼓励代替惩罚。

这一观点本身并没有错，但很多家长在贯彻实施的过程中却非常容易出现偏差，比如像赵昕的家长这样，本想通过激励来让孩子变得上进、愿意学习，却不想，表扬过头，把赵昕养出了这么个骄傲自满的性子，反而成了他在学习路上的巨大阻碍。可见家庭对孩子的影响何其之大！

那么，家长究竟要怎么做，才能培养孩子养成谦虚的习惯，从而在学习道路上不断前行呢？我这里可以给大家三个建议。

一、培养孩子开阔的视野。

一个人懂得越多，反而越能发现自己的无知；而一个人懂得越少，则反而越觉得自己无所不能。因此，想要让孩子保持谦虚的态度，就必须要学会培养孩子开阔的视野，视野开阔了，自然就能看见更远、更高的地方，也才能更深刻地体会到自己的不足。

二、帮助孩子全面认识自己。

每个人都有优点和缺点，而容易自满的人往往只看得到自己的优点，却认识不到自己的缺点。作为家长，对于孩子的优点应当给予肯定和鼓励，但相应的，对于孩子的缺点同样也应该直言不讳地指出。

对于还未形成自己世界观和价值观的孩子来说，他们对于好与坏的概念常常也是比较模糊的，换言之，他们认识世界、认识自己，其实更多的是依赖周围人的态度和意见。因此，如果家长为了鼓励孩子而只一味地肯定孩子的优点，却对孩子的缺点只字不提，那么久而久之就会让孩子产生一种错觉，认为自己非常"完美"，从而滋生骄傲自满的情绪。

三、表扬一定得有度。

表扬的话谁听了都会觉得很高兴，适度的表扬的确能够成为促进人们前进的动力，但需要注意的是，过度的表扬却可能适得其反，让孩子在沾沾自喜中迷失自我，最后沦于平庸。赵昕的家长就是过度赞扬的典型，哪怕赵昕只是做了一件最寻常的事情，他们也能给予夸奖。这样下去，久而久之，当孩子发现自己哪怕做些轻轻松松、毫不费力的事也能得到赞扬的时候，他又怎么还会想着去奋斗、去努力呢？

所以，请记住，赞扬也好，批评也好，没有绝对的好与坏之分。只有对两者把握得当，才能让孩子在保持自信的同时学会谦虚。

错误的泥沙里，也有金子可挖

上周的班会上，我和同学们一起探讨了一个问题：举手回答老师的提问时，如果答错了，会不会觉得丢人？

大家都纷纷发表了自己的意见，觉得答错题丢人的，不外乎就是几个理由：

显得自己很笨，又爱出风头；

会被同学嘲笑，自尊心受到伤害；

明明不懂还浪费大家时间，不如让真正懂的人来回答……

而不觉得答错题丢人的，不外乎也是几个理由：

回答老师的提问也是学习的任务之一，答错也不要紧；

上课答题这件事本来就应该重在参与，所以不在乎答案对错；

谁都可能会出错，连老师都会有出错的时候，学生答错题算什么……

最终，大家争论不休，始终没有得出一个"正确答案"。其实，这个问题也确实没有什么所谓的"正确答案"，"丢不丢人"这本身就是一种主观的感受，有的人不觉得这是件多么大不了的事情，而有的人却因为强烈的自尊心而无法克服心中的恐惧和羞耻。

说到底，学生之所以害怕"犯错"，是因为在大家的认知里，"犯错"这件事情从性质上来说就不是件什么好事。考试做错题要被扣分，做作业做错题会被批评，总之，"错"这个字，似乎本身就该是备受指责的。

在大家争论不已的时候，我问出了第二个问题：大家认为，老师提问时，是希望学生答对还是答错？

听到这个问题，学生们面面相觑，过了半天给出了一个勉强一致的答案——老师当然是希望学生能答对。

"真的是这样吗？"看着这个答案，我坚定地对学生们说道，"事实上，每次在提问的时候，我都更希望能听到同学们的错误回答。"

这的确是我作为一个教师的心里话，而不仅仅是为了鼓励学生踊跃回答问题而说的。有这样的想法其实并不奇怪，我曾数次向大家强调过，老师上课提问不是心血来潮，更不是为了刁难学生。如果注意观察，相信大家一定会发现，其实每一堂课上，老师所提问的知识点，通常都是重点和难点，换言之，这些被提问到的知识点，要么就是在解题时使用频率颇高的，要么就是特别容易出错的。老师之所以会对这些知识点提问，其实就是在帮学生加强对这些知识点的记忆和掌握。

那么，为什么提问时会更愿意听到错误答案呢？这主要有两方面的原因。

第一，错误往往比正确更令人印象深刻。

家长们可以让孩子回忆一下，每次课上老师提出问题的时候，无论是他还是其他同学作答，他是更容易想得起回答错误时候的情形，还是回答正确时候的情形呢？在我们的认知里，提出问题，得出答案，这是一个正常的"流程"，正因为正常，所以往往不会给我们留下多么深刻的印象。而"答案错误"就像是一个"不正常"的因素，当这个因素出现在流程中时，往往会显得比较突兀，但也正因为这种突兀和"不正常"，反而更容易在大家的脑海里留下印象。

第二，犯错越多，考试时才越能规避错误。

如果是在考试，那么作为老师，当然希望自己的学生都能把题答对，都能取得高分。但如果是课堂提问，那就不同了。学生能不能在考试中取得高分，关系着很多重要的实际利益，比如排名、分班，甚至升学等。而学生能不能在回答课堂提问时答对，这通常是不会造成什么现实影响的。

相反，当学生在回答问题时，所犯的错误越多，反而对以后的考试会越有帮助。通过学生的错误回答，老师一方面可以知道，在授课过程中，哪些是学生比较难掌握的地方，并以此做出更为适当的教学安排；另一方面老师也能通过学生的错误答案来了解在某些知识点上，学生容易出什么样的错，从而提醒大家，如何在往后做题考试时规避错误，防止丢分。

所以，对于老师来说，回答错误并不是什么大错。在生活中，家长也应该明白这个道理，不要因为孩子犯错就对其加以严厉的责备，而是应该教导他什么是对，以及如何做对。这样，才能让孩子勇敢地举起手，敢于将自己想到的答案大声说出来。要让孩子知道，与其在课堂上畏首畏尾地怕出错，倒不如把谨慎小心留到考场上。犯错并不可怕，重要的是要学会如何在错误答案中"淘金"，而淘到的这些"金子"，也终将会成为学生们在考场上的重要筹码。

Chapter

7

只有自信的人，才不会被理想学府拒绝

有信心不一定会赢，但没信心一定会输。

自信是让孩子能够幸福成长最基本的能力，要想打好孩子生命的基石，就要从小把自信的种子扎根在孩子心里。孩子在不同的成长阶段，有不同的需求，我们要了解并给予孩子每个阶段最需要的心灵养分，从而帮助孩子提升自我价值，建立自信心。

没有谁"不是读书的料"

在生活中，我们常常能听到诸如"×××是读书的好材料""×××就不是块读书的料"这一类的评价。但究竟什么才叫作"读书的料"呢？

不少家长都问过我这样的问题：

我的孩子是不是比别人笨，所以怎么学都学不好？

我家孩子是不是天生就不会读书，所以什么也学不会？

勤能补拙是真的吗？那为什么我的孩子那么努力成绩还是不好？

……

注意到了吗？人们总是喜欢把会不会读书和智商高不高、聪不聪明联系到一起，好像只要是学习成绩不好的学生，都是脑子不够聪明的学生一般。但实际上，我可以肯定地告诉所有家长，你的孩子成绩好不好，和智商的关系真不大。

统计表明，人的智商的确是存在差距的，但据研究显示，高智商也只有在高端研究或者某些特殊情境之下才会有突出的表现。也就是说，在日常生活中，决定一个人在普通的工作和学习中是否能够取得成绩的因素并不是智商。

但不同的孩子之间在学习能力上的巨大差异的确是存在的，造成这种差异的，又到底是什么因素呢？

现代心理学研究表明，在正常状态下，决定一个人智力活动质量高低的关键因素，其实是情商。换言之，一个学生在学习上的表现情况，与单纯的智商是没有太大关系的，真正能够造成决定性影响的，是这个学生在情感、态度以及价值观等方面表现出来的东西，而这些东西概括起来，也就是我们刚才说到的"情商"。

我们知道，智商的高低主要是由先天因素决定的，靠人为的力量很难改变或扭转。而情商就比较复杂了，但总体来说，决定情商的主要还是后天的教育情况。也就是说，情商是能够通过后天的培养和训练进行塑造的。既然如此，所谓"读书的料"这种说法也就变得极其不科学了。换言之，世界上并不存在天生就不会或者不适合读书的人，任何人通过后天的培养和训练，都有成为"学霸"的潜力。

既然如此，那么我们是不是也可以通过一些方法，来提升孩子的情商，从而提升孩子的学习能力，让"不会读书"的孩子变成"会读书"的好学生呢？不妨考虑从以下三个方面着手：

第一，确定原因，科学定位。

如果你总是纠结于孩子的智商问题，那么不妨通过一些生活常识和简单的智力测试来给孩子做一个智力发展状况的简单测评，如果孩子反应正常，那么以后也不必再纠结于智力发展的问题了。请相信，各方面反应正常的孩子，即便不是高智商天才，也绝对不会有学习障碍的。

在排除智力问题的干扰因素之后，作为家长，应该先认真进行一番自我反省，看看自己在教育孩子方面，是否做到目标明确，方法得当。

第二，树立目标，以人为本。

孩子的教育问题是个非常复杂的问题。首先我们要先确立目标，想清楚教育的目的到底是什么，我们希望能够通过教育来让孩子达成什么。此外，考虑孩子的主观感受也是非常重要的，不能为了父母个人的喜好而强行改变孩子。家庭教育最基本的原则是培养人格健全的人，这一点应凌驾于所有的目的和希望之上。

第三，以身作则，循序渐进。

有人说家庭就好比塑造人类性格的工厂，这种说法非常有道理。父母是孩子的第一任老师，同时也是孩子的第一个榜样。家长的一言一行都会对孩子未来的发展造成深远影响。因此，作为父母，一定要做到以身作则，用自己的一言一行对孩子进行言传身教。此外，教育是一个极其漫长的过程，需要足够的耐性和毅力，循序渐进。

当家长能够做好这三方面的教育时，相信对于孩子在人格和情商方面的塑造都会有很大帮助。

只为学习找方法，不为失败找借口

　　曾有家长问过我这样一个问题：孩子成绩始终不见进步，根本问题到底出在哪里？

　　我们知道，成绩难以提高，原因是非常多的，比如自己主观不努力，或者学习方法不得当，或者基础打得不牢靠等，都会成为提升成绩的阻碍，但这位家长问的问题也让我陷入了深思，先撇开学习方法等技术性的问题不谈，为什么有的同学似乎从主观上就缺乏前进的渴望和动力呢？带着这样的疑问，我对让我心存疑问的几位同学进行了观察，在这里我就暂且不提他们的名字了。

　　在观察一段时间之后，我发现了这样一个现象：这几位缺乏前进渴望和动力的学生在每次考完试之后，如果成绩不理想，往往能给自己找出一大箩筐的借口，比如"运气太差了，看的都没考，没看的都考了""这几天心情不好，总想着其他事情，不能专心""考试的时候身体不太舒服""我对学习这事就没兴趣""我脑子不行，一看字就头昏，别说学习了"……总而言之，不管怎么样，似乎对于他们来讲，考试失败完全是其他的原因，和他们自己主观上不努力、不认真是绝对没有任何关系的。

习惯为自己的失败找借口，绝对是走向成功最大的阻碍之一。

我曾无数次对学生强调过，失败和错误没什么可怕的，重要的是我们得学会从失败和错误中吸取教训，避免下一次重蹈覆辙，只要能做到这一点，我们就能在每一次失败之后更接近成功。但要注意一点，要能在失败和错误中吸取教训，我们就得先认识到失败和犯错的原因在哪里。可如果一个人总是习惯为自己的失败找借口，把一切失败和错误的原因都推到其他人，或者其他客观条件身上的话，那么这个人又怎么能从中吸取教训，发现自己身上的不足呢？

习惯找借口的人往往是最习惯原谅自己的，他们不会因失败而发愤图强，也无法在错误中不断修正自己，他们只会怨天尤人，把错误归结于他处。像这样的人，无论是在学习上，还是在生活里，都是很难获得提升和进步的。

我以前教过一名学生，名叫小茜，在进入六年级的时候因为父母工作调动转去了其他学校。小茜是个学习非常优秀的女孩，但大概因为是插班生的关系，到新学校之后，小茜被分到了据说是那个学校最"差劲"的班级。在很长一段时间里，小茜都因此而感到很沮丧，在接连的几次小测验中成绩也很不理想。

后来小茜给我打了个电话，抽抽搭搭地诉了半天苦，说如果不是父母非逼着她转学，不是学校给她分了个不好的班级，不是周围同学学习气氛不好……那么她的成绩肯定不会下滑，万一要是小升初考不好，都是他们的错，等等。

听她说了很久之后，我才问她："所以，小茜，你认为你现在成绩不理想，自己是没有任何责任的吗？"

听到这个问题，小茜似乎有些惊讶，抽了抽鼻子说道："我当然没有责任。老师你也知道，我成绩并不差，以前在班上的时候……"

我打断了小茜的话，又问了一句："那你告诉老师，你转学之后的学习态度和学习情况还是和之前在班上一样吗？还是认真地听老师讲课，做好随堂笔记和考试小结吗？还是每天坚持复习和预习吗？……"

听着我的问话，电话那头传来一阵持久的沉默，过了许久，我才又听到小茜声音沉沉地说道："对不起老师……我都没有做到……我知道问题出在哪里了，我一定会尽快调整好自己的。"

后来再见到小茜已经是好几个月后的事情了，当时正放寒假，我负责在学校值班，小茜突然回学校来找我，兴致勃勃地告诉我她期末考试拿了年级十五名，让她的新班主任大为吃惊，下个学期开学之后，她很可能会被调到尖子班去。

看到小茜又恢复了以往的开朗和自信，我感到非常高兴。很多时候，你总觉得是周围环境的改变导致了你境遇的改变，但事实上，或许那个改变的人正是你自己。

人的失败也好，成功也好，固然与周遭的环境和条件脱不了干系，但真正起决定性作用的，还是自己。所以，当遭遇失败时，家长们不妨先鼓励孩子好好想想自己究竟哪里做得不够好，别急着找一堆借口来为自己开脱，来搪塞、安慰自己。失败与错误最大的价值就在于，能够让人们从中反省自我，从而改变自我，提升自我。

别把"差劲"的标签随意贴身上

小学生在刚入学的时候，最常遇到的问题就是无法专心听讲。但这个问题通常会随着年龄的增长和对课堂的熟悉而逐渐得到改善，当然，也有为数不少的一部分学生，即便已经到了三四年级，也都无法长期保持注意力的集中。比如我班上的陈凯同学就是如此。

陈凯是个非常"坐不住"的孩子，记得一年级刚入学的时候，想让陈凯乖乖在凳子上坐一节课都很困难，往往上课上到一半，他就会如坐针毡，甚至有时还按捺不住地起来在教室里走来走去。虽然现在情况已经好了很多，但相比其他学生来说，陈凯依然还是非常容易在上课时走神，不是摆弄玩具就是四处写写画画，甚至有时候还会去"骚扰"其他专心听讲的同学，为这事情，陈凯没少被同学"投诉"。

为了纠正陈凯这些小毛病，我向他母亲反映了情况，希望她能对陈凯多一些引导，协助老师共同改善陈凯的情况，帮助他提升学习效果。可没想到的是，就在我向陈凯母亲反映完情况的第二天，事情却更糟糕了。

那天正在上语文课的时候，陈凯被语文老师点名起来读课文，但一直在走神的陈凯根本不知道老师叫他起来干什么。这种情况也不是第一次了，语文老师也只是像以往一样，提醒了陈凯几句，让他好好专心听课，可没想到的是，陈凯却突然非常激动，眼睛通红地掉着眼泪，二话不说就冲出了教室。

我找到陈凯的时候他正一脸沮丧地蹲在走廊的小阳台上，眼睛肿得像桃子。看到我过去，陈凯有些不好意思地把脸埋在了臂弯里，似乎不想让我看到他哭过的样子。

我挨在他旁边蹲下，过了半天之后，他才声音哑哑地说道："老师，要不你开除我吧……我就是个差劲的坏学生……"

他突然来这么一句，还真是让我哭笑不得。在和他聊了半天之后我才知道，原来他今天这么反常是因为昨天我向他母亲反映完他的情况之后，晚上回去他就被狠狠批评了一顿，他母亲大概是为了震慑他，甚至还放了话，说如果再不好好专心听讲老师就不要他了，不要这种"差劲"的坏学生了。

老实说，对于这个结果，我内心还是有些愧疚的，虽然我向陈凯母亲反映情况的初衷并不是希望她以这种严厉的方式来"协助"我，但如果之前我能找时间和她好好谈一谈，或许事情就不会发展成这样了。

其实，陈凯的问题并不少见，不少低年级的孩子都有和他相类似的情况存在，这是大部分成长期孩子都需要经历的一个过程。客观来说，适时地走神是大脑的一种需要，这其实是大脑的一种"休息"方式。很多低年级学生在走神之后没有办法再把思路拉回来，这主要是和个人的思维水平有关。此外，低年级的孩子由于大脑发育不完全，其大脑兴奋与抑制的技能也不成熟，所以往往不能很好地对自己的行为进行控制和调节，尤其是在见到好玩、新奇的事情时，注意力就非常容易被吸引，从而耽误了听课。

对于这一点，作为老师和家长都应该予以理解，用更多的耐心来帮助孩子，而不是一味指责甚至打骂，这样做不仅对孩子没有任何帮助，反而可能让孩子感到自卑，对自己失去自信，从而一蹶不振，或者干脆"破罐子破摔"。

当然，虽然说要理解和接纳孩子存在的问题，但一味纵容也是不行的，我们必须得帮助孩子学会有意识地控制自己的行为，通过耐心引导来帮助他们改掉这个毛病。我建议陈凯母亲以鼓励的方式代替批评，帮助陈凯一点点纠正自己的行为。而之后在课堂上，我也会有意识地注意陈凯的行为，只要他在课上表现得有所进步，课后我都会特地对他的进步表示鼓励和赞赏。

当然了，陈凯不可能因为一两次的鼓励就彻底改变自己，也不可能在短时间内就成为一个能够专心听讲、热爱学习的好学生，但不管怎么样，他的确在一天比一天进步，而我也从他身上看到了他的努力。

越有包袱，越容易犯错误

很多人在生活中都有过这样的体验：越是想集中精力做某件事，就越是没法子集中精力；越是在失眠时想睡着，就越是怎么都睡不着；越是害怕考试考不好，就越是容易考不好；越是努力告诉自己考试别紧张，就越是感到紧张……总而言之，在很多时候，似乎越是害怕发生什么，就偏偏会发生什么，就好像老天爷和我们过不去似的。

但其实，真正和我们过不去的，还真不是老天爷，而是我们自己。

我们班级学习成绩最好的两大"巨头"，一个是班长段晓峰，另一个是学习委员小蒙。之前我曾经提到过，在段晓峰还没有找到正确的学习方法之前，他的成绩一直是比不过小蒙的，直到后来，他在摸索中找到了适合自己的学习方法，这才使得成绩突飞猛进。

段晓峰第一次考试超越小蒙，成为全班第一名是在二年级上学期的一次测验中，那原本是件好事，但或许是好胜心作祟，加之一直以来的信心不足，使得段晓峰反而因为这个名次而背上了沉重的"包袱"，他不断地告诫自己：必须在期中考试保持住第一名的宝座，绝对不能让小蒙超越。

可偏偏越是怕什么就越是来什么，在期中考试中，段晓峰不仅没能保持住第一名的成绩，反而下滑到了第八名。这个结果让段晓峰大受打击，为了扳回一城，他开始拼命学习，甚至打乱了自己原有的安排。结果在那段时间，他的成绩最差一次竟滑到了十几名。在我注意到段晓峰的反常之后与他进行了一番深谈，这才得知了他这段时间以来的"心路历程"。

段晓峰遭遇到的这种情况很多人都有类似体验，日本学者千叶康将这种现象称之为"努力逆转法则"，简单来说，就是指你越拼命努力地去做某件事情，这件事情就越是会向相反的方向发展。那么，为什么会产生这样的现象呢？努力难道不是应该获得回报吗？

从心理学的角度来说，造成这种现象主要有两方面的原因：

一方面是自我暗示。

以段晓峰为例，一直以来，小蒙的考试排名都在他之前，在"侥幸"获得一次胜利之后，段晓峰内心其实并不认为自己从此就超越小蒙了，相反，他很害怕失去自己好不容易获得的胜利。当他不断在内心告诉自己"不能输给小蒙"的时候，其实也是在不断提醒自己，一直以来自己都在输给小蒙。换言之，当段晓峰在心里不断提醒自己"不能输"的时候，其实相当于是唤醒了自己曾经"输给"小蒙的体验。而这种体验只会让他感到紧张、恐惧，甚至对自己越发没有信心。

另一方面是条件反射。

失败是会有条件反射的。越是体验过失败的人，脑海中对于失败的印象就会越发深刻，从而形成了走向失败的条件反射。比如有的学生在学习过程中遭遇了某些挫折，从而陷入着急烦躁的情绪中，这个时候，如果再遭到一些刺激，如老师、家长的批评，同学的嘲笑等，就可能造成大脑功能的混乱。之后如果再遇到类似的情况，很可能就会条件反射般地重复错误的反应。

　　也就是说，归根结底，所谓"努力逆转法则"其实就是学生自己心态上的问题，一方面害怕失败，另一方面则对自己信心不足，在这种心态的折磨之下，严重影响了自己正常能力水平的发挥。那么，面对这种情况，到底该如何是好呢？这其实很简单，只要让学生们给自己一些积极的暗示就行了。

　　需要注意的是，在引导学生给自己积极暗示的时候，一定要提醒他们，不要有过高的预期，否则反而可能给自己徒增压力，造成不必要的烦恼。比如像"我一定要考全班第一""我一定要上重点高中""我一定要赢×××"这一类的暗示就不是那么可取，毕竟这样的目标能够如愿达成的人只是少数。我们可以将这种暗示换成诸如"只要好好看书，成绩一定会有所提高""只要认真备考，一定能进步一点点"之类的积极暗示，这既不会给自己太大压力，同时也是一种对自己的激励。

　　后来，在摆脱了怕输的"包袱"之后，段晓峰的成绩才逐渐回到正轨。而现在，他已经不会再因为"怕输"而输了。

不放弃努力，就不会无可救药

教师节的时候，我收到了一张非常特殊的贺卡和一封信，那是一位名叫田澄城的同学从北京寄给我的。田澄城是我刚毕业做实习老师的时候所带的第一届学生，如今感觉时光不过须臾，他却已经成为一名大学生了，回想当年的种种，心中也不免有些感慨。

当年我到学校做实习老师的时候，当时三年级一位数学老师刚离职，我便替补上了那个空缺，成为三年级的数学老师，田澄城就是当时我教的其中一个班的学生。从三年级一直到六年级，我前后一共只教了田澄城四年，而且那时候我并不是他们班的班主任，和他的接触也不算特别多，因此时隔多年之后，田澄城居然还能记得我，这确实令我颇感意外。

田澄城在信中和我说了一些他的近况，他今年刚考上北京一所非常有名的重点大学，刚到学校报到完就给我写了这封信。这一点也让我十分吃惊，在我的记忆中，田澄城并不是一个多爱学习的孩子，相反，还特别调皮捣蛋，一度让众多老师都头疼不已，那时候的他，在办公室挨班主任训话简直如同家常便饭。或许真是年龄大了之后就懂事了吧，要是田澄城以前的班主任知道如今的他居然成了"学霸"，估计下巴都得惊掉了！

田澄城在信中回顾往事的时候提到了一件事，让我触动很大。他在信中这样写道：

"……那件事情或许老师你已经不记得了，但我依旧十分感谢你。记得那个时候，我是个非常调皮捣蛋的男生，学习成绩也不好，经常被老师训。在所有人眼中，我大概都已经无药可救了吧，其实那时候我自己也是这么认为的。可是那天在发数学考试卷的时候，你走到我旁边，却突然笑着对我说了一句：'虽然你这次考试还是没及格，不过你最后一道大题的解题思路很好，瞧，你只要肯认真做，果然还是很行的，老师很看好你，加油哦！'就那一句话，突然让我觉得，或许我自己也并不是大家认为的那么差，或许我确实也是能成为好学生的。之后，不管是在上初中还是高中的时期，每当我感觉自己不行的时候，都会想起老师你当初说的那句话，然后就觉得，或许再认真一点，再坚持一下，就行了。现在，果然就像老师你说的，我行的！谢谢你，老师……"

这封信让我非常感动，事实上我已经想不起来田澄城所说的那件事情了，但我很感谢当时的自己对他说了那样一句话，就此让他的求学生涯发生了一点点的改变。而这封信也让我意识到了一点：如果一个学生觉得自己已经无药可救了，那就证明他一定还有救，因为心中会产生那样想法的人，必然还存有一种上进的渴望，而只要存有上进之心，就一定能把学习学好。

很多学生之所以放弃努力，未必是因为讨厌学习，或者对成绩毫不在意，有时可能只是因为内心所存有的自卑，让他们认为自己已经无药可救，没有任何希望可言了。这种时候，一句肯定或赞扬的话语，都可能完全扭转他们的心态和想法，给予他们一丝改变自己的决心和希望。

而这其实也告诉了我们一点：很多时候，孩子认为自己很差，其实不过是自卑心理作祟而产生的一种感觉而已，并不是一个客观事实。就像田澄城同学，在学习方面，我并未给他提供过任何实质性的帮助，我只是肯定了他的能力，告诉他他有希望，可以做得很好，于是他就真的振作起来，成就了今天的自己，这一切都是靠他自己的努力。

所以，无论什么时候，都不要轻易否定或放弃你的孩子。请相信，孩子的潜力永远比你想象得更强大，不管他现在成绩有多差，学习有多不好，只要还存有一颗上进的心，只要还有哪怕一丝想要学好的渴望，他就一定有成功的希望！

请记住，没有谁是无药可救的，真正无药可救的人，是那些放弃自己的人！

很多困难都是被刻意夸大的

自从上一次我帮侄女豆豆克服了她对数学的"恐惧"，成功提升了成绩之后，我在亲戚间的"声望"就提高了不少。前一阵，我大表哥把他儿子，也就是我侄子明峰也送到我这里来了。

明峰今年才刚上二年级，但却已经养成了个非常不好的习惯，那就是在做作业的时候，一遇到有点难度的题就直接喊妈妈，从来不会自己先思考思考。当然，养成这种习惯，和明峰妈妈也是脱不了干系的。

明峰当年刚出生的时候因为早产身体一直不太好，明峰妈妈一直觉得愧对儿子，所以对他自然也就有几分宠溺。从小到大，明峰妈妈几乎包办了他的一切事情，甚至在上学之后，每天明峰做作业，妈妈都会守在旁边陪他，端茶递水，遇到难题还帮着一块儿想，甚至遇到不认识的字时，都是明峰妈妈帮着他查字典。

由于有着妈妈的帮忙，明峰的作业一直完成得不错，从来没有出过什么大纰漏。可是这一考试就完蛋了，明峰几乎什么都不会，就连平时作业做过的题目，没有妈妈的帮助，他居然都做不出来。这一回明峰妈妈才发觉事情有点严重了。

之后，明峰妈妈也采取过一些措施，比如再也不陪儿子做作业，遇到难题也不再帮着他一块儿思考。可没想到，这非但没有让明峰学会自己动脑筋，反而让明峰又出现了另一项恶习：抄作业。这不，明峰妈妈都气得不知道该怎么办了，于是这令人头疼的小侄子就被丢到了我们家。

一开始我对明峰也很头疼，他的"畏难情绪"比我想象中还要严重，哪怕给他做非常容易的题目，但只要不是那种一眼就能看出答案的，他都草草扫一眼就开始嘀咕："太难了，这题我怎么做得出来啊……不会做，实在太难了……"没有丝毫斗志，也完全不想动脑思考。

就在我一筹莫展的时候，有一天邻居家有事外出，把刚上一年级的女儿小果橙托给我照管一下，我把女儿的拼图拿给小果橙，让她自己在一边玩，明峰见小果橙玩得开心，也凑了过去，开始以一副大哥哥的派头指导小果橙怎么拼拼图。

看到明峰和小果橙一起玩的画面，我突然有了主意。我把明峰和小果橙都叫了过来，和他们一块儿玩起了上课的游戏。我先是讲了一个比较简单而有趣的知识点，然后出了一道与之有关的题目，来让明峰和小果橙一起做。这个知识点比较简单，题目也不难，刚上一年级的小果橙很快就做出来了。明峰一开始显得意兴阑珊，但看到比自己小的小妹妹都做出了题，也赶紧埋头把题解了出来。

然后，我又接着讲了第二个知识点，这一次讲解的知识点和题目就比上一次要稍微难一些了。然后是第三题、第四题……小果橙毕竟年纪小一些，而且也才刚上一年级，在理解力和基础水平方面自然要比明峰差一些，到后面几题的时候已经做得比较困难了。明峰比小果橙强一些，却也没强到哪里去，毕竟平时已经习惯了处处依赖别人，上课听讲也都不太动脑筋。但在小妹妹面前，总不能轻易认输吧？因此明峰虽然已经着急得脸都憋红了，却依然没停下在草稿纸上写写画画的笔。

看着明峰终于有了一点点"拼搏精神"，我心里别提多高兴了。我故意打开课本，标示出了几个相关的重点例题给明峰看，在我的"提示"之下，明峰总算理清楚了解题思路，把题目解了出来，换来小果橙满是崇拜的目光。

那天下午送走小果橙之后，我把明峰的作业本打开，指着上面的几道题对他说："看，你之前说不会做的题，刚才不是都做出来了吗？现在你还觉得这几道题很难吗？"

明峰惊讶地瞪大眼睛看了看作业本又看了看我："不会吧，你刚才出的题目是我的作业题呀？"

我敲了敲他的小脑袋说道："不然呢？你瞧瞧你这小脑瓜，白长这么大了，平时不用都藏起来干什么呀？这些题目根本没你想的那么难，你呀，就是被自己眼前的'难'字给吓怕了！其实，只要动动你的小脑瓜，认真复习一下学过的知识点，这些题目你完全都能做出来。现在，我们一起再来看看剩下的题好不好？"

明峰用力地点了点头，刚才那一点小小的成就感似乎已经让他尝到了些许甜头，树立了些许对自己的信心。很多时候，我们害怕的，并不是题目本身有多复杂，而是我们先入为主的"难"。擦掉眼前的"难"字，或许你会发现，自己比想象中要聪明得多。

打破"蛋壳"，才有"出头之日"

两个月前，我们班上新转来一位名叫李煜文的学生，是校长亲自带过来的，听说是校长亲戚家的孩子。李煜文是个特别喜欢闹脾气的孩子，有时候上着上着课都会莫名其妙地生气，然后砸东西，也因为脾气不好，所以李煜文一直没能在班上交到朋友。

李煜文转来大约一个多星期以后，班级里开了一次家长会，但李煜文的父母似乎都因为工作忙没能抽出时间过来，来参加家长会的是他奶奶。从李煜文奶奶那里我了解到，李煜文的父母都是企业高管，工作非常忙碌，所以从小李煜文就是爷爷奶奶带大的。老人家比较容易心疼孩子，所以把李煜文娇惯得脾气特别坏，稍微有不顺心的事情，就会开始生气、砸东西。由于脾气不好，加上父母工作上的一些变动，李煜文先后已经转了三次学，而且也一直没能在学校交到什么朋友。

虽然我一直试图和李煜文的父母亲自谈一谈，但很显然，他们的确太忙了，一直没能给我答复。而就在我为李煜文的问题头疼不已的时候，又发生了一件事情：由于在英语课上生气砸文具盒，李煜文被英语老师赶出教室罚站。

老实说，李煜文这么三天两头闹出问题，确实让我感到心烦不已，我也真是第一次遇到这么让人头疼的学生。之前我也曾试图和李煜文好好交流一下，但每次和他谈话几乎都是我一个人在说，他则总是摆出一副拒绝交流的姿态。

我准备再把李煜文叫来办公室谈一谈的时候，正巧班上的另一名同学罗巧巧到办公室补交语文作业。罗巧巧是李煜文的同桌，看到她来办公室我就把她叫了过来，询问她在英语课上到底发生了什么事，为什么李煜文会突然生气砸文具盒。

罗巧巧想了半天，这才有些不确定地回答我说："老师，我也不知道他怎么了……当时英语老师在讲一个固定搭配的句式，他突然就生气了……好像是他没听懂吧，我听到他在砸东西之前好像说了一句'那个句子怎么变的啊'之类的话。"

罗巧巧的话让我陷入了深思，我回想了一下李煜文之前的种种表现，以及他奶奶说的关于他的诸多事情，我发现或许李煜文容易生气的最主要原因是在于，他不知道该怎么面对挫折和失败，只懂得用生气来发泄这种负面情绪。教学心理学上将这种情况称为"蛋壳心理"，指的就是那种害怕失败，不知道该如何来面对失败，像蛋壳一样容易破碎的心理状态。

这种心理对人们的影响是非常可怕的，中国社会调查所曾对北京、上海等地高校的一千余名大学生进行过调查，结果发现，在这些大学生中，有四分之一的学生曾经有过自杀念头。可见，随着社会的进步发展，如今的孩子虽然在物质上较为丰足，但心理问题却也随之而越来越多，拥有"蛋壳心理"的孩子更是不在少数，这样发展下去，孩子抗挫折的能力只会越来越弱，最终把自己逼上绝路。

这一次我把李煜文叫到办公室之后，并没有批评他在英语课上的行为，而是把一份向英语老师讨要的今天的课堂笔记给了李煜文，让他自己把笔记抄完之后再还给英语老师。李煜文对我的举动很是不解，我告诉他："生气是没有用的，要学会尝试表达自己的需求。听不懂不要紧，我们可以向老师、向同学请教，谁都会遇到不明白的问题，这没有什么可觉得丢脸的。学不好也不要紧，我们可以多看几遍，多问几遍，只要肯努力，就一定能够找到要领。"

听到我的话，李煜文低下头，依旧一语不发，但眼睛却有些泛红。在他抄笔记的时候，我向他讲述了一些关于"蛋壳心理"的情况和危害。我告诉他，失败是一种客观的存在，任何人都会遭遇失败，哪怕是世界上最聪明的人，哪怕是最有权力、最成功的人，也曾在人生道路上有过无数次的失败。但他们勇敢地接受失败，并且从失败中吸取教训，把自己变成了更厉害、更优秀的人，于是才锻造了后来辉煌的成功。

虽然这一次的谈话大部分时间依然是我在说，李煜文在听，但令我感到欣慰的是，在离开办公室之前，我建议李煜文报名参加过阵子运动会的田径比赛项目，那个项目我们班级现在还缺几个人，李煜文犹豫了一下之后还是答应了。这是一个好的开始，相信在比赛中，李煜文一定能够更好地体会成功与失败。

优秀的人从来不会输不起

女儿很喜欢打羽毛球，还加入了学校的羽毛球队，每个周末都会和队友一块儿去训练。但前几天的时候，女儿却突然宣布要退出学校羽毛球队，甚至连周末打球这项安排都直接取消了。我和老婆都感到很奇怪，但问女儿原因，她却总是以"学习太忙"为借口搪塞。

我很担心女儿的情况，但也不想逼她逼得太紧，于是辗转找到了和她关系很"铁"的一个同学兼球队队友，这才知道了事情的始末。原来前一阵各个学校联合举办了一场青少年羽毛球比赛，赛事非常盛大，据说表现优秀的参赛者还有机会被选拔去参加省里职业球队开展的训练营活动。

在一场和其他学校的比赛中，裁判因为误判女儿犯规，所以扣了她的分，女儿非常愤怒，也非常不服气，直接和裁判吵了起来，结果被裁判狠狠批了一顿。后来，女儿打球一直状态不好，最后几场比赛都以失败告终，原本一直占优势的她们校队也被淘汰出局了。事后虽然大家都没有责怪女儿，但女儿却深受打击，所以才不顾大家的挽留，执意要退出球队。

了解事情的始末之后，我和老婆商量了一番，决定先给女儿一段时间冷静冷静，然后再想法子开导她。我也联系了孩子学校球队的教练，请他暂且先帮女儿保留一下球队的名额。

几天之后，我特意请了一位小客人到家里做客，这位小客人是我以前带过的一名学生，名叫陈钊，现在已经上初中了。陈钊是个非常活泼的人，很快两人便热火朝天地聊了起来。

在得知陈钊现在在我们当地一所特别有名的中学上学，并且还是尖子班的学生时，女儿对他既崇拜又羡慕。陈钊爽朗地笑着对她说道："我当初是四年级才转到老师带的这个班的，你知道那会儿我刚到班级的时候，考试考了第几名吗？"

不等女儿说话，陈钊就自己给出了答案："倒数第一！不仅是班级倒数第一，而且还是全年级倒数第一！那会儿估计老师一定特别后悔接收我这个转学生吧！"

听到这话，女儿惊诧地张大了嘴巴，四年级的时候考试还是全年级倒数第一，小升初却以如此优异的成绩进了重点中学？！这也太不可思议了吧！女儿转头看了我一眼，见我点了点头，她看向陈钊的目光就更加崇拜了，佩服地说道："哥哥你也太厉害了，真是不鸣则已，一鸣惊人啊！"

陈钊冲女儿挤了挤眼睛，说道："还行吧，其实那个时候我挺崩溃的，在转学之前，我是在我们村一个民办学校上的小学，那时候我感觉自己成绩还挺好，可没想到，这刚转学到城里就直接给了我致命一击啊。我回去甚至哭着跟我爸闹，说要退学，不然就把我送回村子里。结果我爸把我给打了一顿，臭骂我，说我没出息，一次倒数第一就跑了，那这辈子就是倒数第一的命！"

说到这里，陈钊顿了顿，脸上的表情也严肃了起来："被我爸骂完以后，我就觉得，男子汉大丈夫，不能这么怂。于是后来各种发奋努力啊，拼了命地学，没想到还真学出了点小成绩。小升初成绩出来的那会儿，我自己都乐蒙了，当时我满脑子就一句话——输得起的人，最后才能赢得了！"

那天送走陈钊之后，我从女儿的神色中看到了某些不一样的东西。过了两天，她就回来告诉我和老婆，她决定继续打羽毛球，我们自然是全力支持。

后来私下里女儿悄悄问我："爸，我知道你那天是故意叫陈钊哥哥来家里鼓励我的，但我就特别好奇一件事，你不是一直都不太喜欢我打羽毛球，希望我能多用点时间在学习上吗？那我要是不打球了，专心学习，不是更好？"

我想了想，对女儿说道："人在面对失败的时候，有两条路可以走：前进或者后退。敢于前进的人才会拥有成功的可能；而那些只会后退的人，永远只能做懦弱的、逃避的失败者。爸爸希望你成为一名勇敢、自信的人，一名在面对失败时敢于前进，而不是只会后退和逃避的人。如果你因为失败和挫折放弃了打球，那么以后在任何事情，包括学习上，一旦遭遇挫折和困难，你同样也会后退。人这一生会经历许许多多的失败，只有输得起的人，才能成为最后的赢家。"

少有人走的路，或许才是出路

为了让同学们能够在学习上更好地实现互帮互助，取长补短，我根据各个学生不同的情况把他们组成了许多学习互助小组。在这其中，班级里的"乖乖女"甘婷婷被我安排和班长段晓峰，以及调皮捣蛋的学生卢跃组成了一个组。

甘婷婷是个非常认真踏实的女孩，属于那种但凡是老师安排的事情，一定会从头到尾都认真仔细做好的人；卢跃不用说，绝对的"混世大魔王"，调皮捣蛋又贪玩，让所有老师都头疼的主儿，但他思维非常活跃，人也十分聪明，要能定下性子，应该能有不错的成绩；至于段晓峰，绝对是人人称道的优等生，聪明上进、认真刻苦，而且极具责任感，虽然有时候容易钻牛角尖。

把这三个学生安排在一个组，一方面是因为在学习上他们能够实现一定的互补，另一方面也是为了让段晓峰"盯着"卢跃，收收他的性子。除此之外，我也希望聪明灵活的段晓峰和思维敏捷的卢跃能够带给甘婷婷一些改变。事实上，我所期望的这一效果很快就反映出来了。

在学习互助小组刚分配完毕的时候，段晓峰曾经来找我抱怨过对组员的不满，后来被我成功地给挡了回去。无独有偶，在大约一个月后的一天，甘婷婷也私下来到了我的办公室，就她那两位组员的问题和我谈了一下午。

甘婷婷主要讲了这么几件事：

第一，在做作业的时候，段晓峰强行干涉她的个人习惯。

甘婷婷表示，每次考试之前，老师都会告诉大家，要先易后难，尽可能在规定时间内先把自己会做的题都做完，以免时间不够用。因此，就算在平常做作业的时候，甘婷婷也一直遵守这一"规则"，先从自己最拿手的语文开始做，然后是英语，最后才是最不拿手的数学。但是段晓峰却强行要求她把顺序颠倒过来，说要趁着有精力的时候先把不拿手的科目给"搞定"，最后再做拿手的科目。

第二，在进行小组复习时，段晓峰不听老师安排，自己擅自更改学习计划。

在每次临近考试之前，我都会利用自习课的时间让各个学习小组进行互助交流复习，为了避免有部分学生没有明确的复习方向，我通常会在每次自习课之前都在黑板上写下简单的复习目的和复习计划来让学生进行参考。

据甘婷婷表示，每次段晓峰都完全不按照我在黑板上所给出的范围和目标进行复习，而是擅自更改计划，甘婷婷提出反对的时候还遭到了段晓峰严厉的批评，说她思维僵化，不懂根据自己的情况进行变通。每次甘婷婷都被段晓峰教训得泫然欲泣，而这位铁面无私的班长却完全不懂得"怜香惜玉"。

第三，在做题的过程中，卢跃总是不听老师的话，不按常理"出牌"。

为了让学生在做题时能够尽可能地节约时间，对于一些类型题，我通常都会教给大家一些较为通用的"套路"。但卢跃偏偏是个喜欢"打破常规"的人，喜欢自己去琢磨一些"偏门"的解题方法。这就导致每次在讨论题目的时候，甘婷婷和卢跃都会因为用什么方法解题而起冲突。一开始，段晓峰还会站在甘婷婷那边，但是发展到后来，段晓峰似乎觉得卢跃有时候的想法特别有趣，渐渐地也不帮甘婷婷了，这让甘婷婷非常生气，认为他们在无形中浪费了她许多的学习时间。

在甘婷婷提出的这些"不满"中，我发现她一直在强调一点：他们不听老师的安排。这其实也正是我希望甘婷婷能够有所改变的地方——她太"听老师的安排"了。

不管是学习方法也好，学习安排计划也好，老师所提出的意见只是一个基于大多数学生情况的参考，未必就完完全全地适合所有人。以复习计划安排为例，我在黑板上写出的目标和安排，主要是针对普遍学生的计划。但具体来说，每个人都有自己拿手和不拿手的知识点，在复习的时候，应该根据自己的情况，有指向性地加强自己的薄弱环节，这样才能让复习效果事半功倍。

在甘婷婷抱怨完后，我问她："那你认为按照段晓峰的安排来做作业和复习，效果有没有比你之前好？还有，卢跃没有按照老师所提示的思路去解题，那最后他的解题方法正确吗？"

甘婷婷想了想，回答道："调换了做作业的顺序之后，我每天完成作业的时间确实提前了一点，至于复习方面，现在还不好说。卢跃解题的方法有时候是对的，有时候也不对……但不管怎么说，我还是认为，我们应该按照老师的安排……"

"婷婷，老师以前说过，学习的目的不是考试的分数，也不是以后找工作赚大钱，学习最重要的目的，是培养大家独立思考的精神。老师教导你们，引导你们，是为了能给你们指引一个方向，让你们获得进步，而不是要把你们限制在一个既定的框架中。所以，在这个过程中，当你们能够发现更能提升自己、更能进步的道路时，为什么不去走呢？你要记住，一直跟在老师的身后，你是永远无法超越老师、超越自己的。只有敢于不走'寻常路'，你才能找到真正适合自己的道路与方法。"

把埋怨换成鼓励，孩子会令你惊喜

我一直认为，当一名小学老师是件非常困难的事情，因为很多时候，你无意识的一个举动就可能给学生留下一生难以磨灭的记忆。对于小学阶段的孩子来说，他们的自我意识和理性思维能力都已经开始出现，但由于社会生活经验上的不足，又常常会让他们对许多事情都有一种不确定性，甚至对于自己的认知也是如此。在这个时候，周围人对他们的期望、评价等，对塑造他们日后的性格是有着非常重要的影响的。

为了能够帮助家长和孩子更好地进行沟通，同时也是为了更好地掌握学生的情况，每个学期开始和结束时，我都会组织学生家长进行一次"教育交流会"，其实也就相当于一场特殊的家长会，只不过在这个会上，发言的主角不是我，而是各位家长们。

在临近学期末的这一次交流会上，有几位家长的发言让我感触颇深，故而在此和大家一起分享一下。

第一位家长是孟玲玲的母亲。

孟玲玲是班里的文娱委员，学习成绩好，乖巧听话，而且多才多艺，会唱歌、跳舞、弹钢琴、绘画，堪称"十项全能"。

在分享教育孩子的诀窍时，孟玲玲的母亲说道："我曾经在一本书上看到过一句话：父母坚信孩子是优秀的，那么孩子就会表现出优秀的行为。我很认同这个观点，所以也一直秉承这个原则去教育孩子。

"在鼓励玲玲的过程中，我总结出了一个非常有用的鼓励句式，就是'你小时候就……'。比如当初玲玲刚开始学绘画的时候，我就一直鼓励她说：'你小时候就特别有绘画天赋，画的东西可好看了，瞧，现在通过学习，天赋一发挥出来，画得就更棒了！'在她对舞蹈产生兴趣的时候，我又鼓励她说：'你从小就喜欢跳舞，一听电视里放音乐就跟着拍子跳个不停，现在去学跳舞还真适合你！'

"我就是通过这样的方式一直在鼓励玲玲多方面发展兴趣的，而我对她的肯定和鼓励也让她成了一个充满自信的女孩。"

第二位家长是张鹏程的母亲。

张鹏程也是我们班上一名非常优秀的学生，成绩优异，而且还是校篮球队的主力队员。他和学习委员小蒙是同桌，也是学习上的竞争对手。

张鹏程的母亲在讲述孩子的教育问题时提到了一个非常重要的观点：当孩子遭遇失败时，用鼓励的方式来代替埋怨和指责，不要让孩子觉得父母对他的爱是由学习成绩来决定的。对于这个观点，我非常欣赏，也非常赞同，这一点也是我希望每一位家长都能够做到的。

在分享孩子的教育故事时，张鹏程的母亲提到了这样一件事：

"小鹏的成绩一向都挺不错的，但是有一次期中考试的时候他发挥失常，导致成绩排名不是很理想，而那一次，他的好朋友，也是学习上的竞争伙伴小蒙同学却考了一个很高的分数，这让小鹏感觉特别挫败。那天一回到家，他就把成绩单递给我和他爸爸，一言不发就回到房间把门关上了。

"那个时候我特别担心他，但是又觉得孩子已经长大了，应该给他充足的时间和空间来应对一些事情。更重要的是，我不想让小鹏觉得，他考试考得不好，我对他的态度就和平时不一样。

"后来我忍了差不多十几分钟，才和平时一样，切了盘水果端到房间去给他。我一进房间就看到小鹏坐在书桌前面发呆，我把水果放下之后，拍了拍他的肩膀就退出去了，一句话也没说。后来有一次讲起这件事情，小鹏跟我说：'妈妈，谢谢你，那个时候我觉得特别难受，什么都不想说，我特别怕你批评我，或者问我怎么没考好。但是你都没有问，你拍我肩膀的那个时候我觉得心里很温暖，很有力量。'"

张鹏程是个自尊心比较强的孩子，那一次的考试失利的确对他打击非常大，而在这件事情的处理上，张鹏程的母亲确实做得非常好，既没有给他任何压力，同时又表明了自己支持他的态度。不管是端水果，还是拍拍孩子的肩膀，虽然只是一个小小的动作，但这个动作对于孩子来说却是一种莫大的鼓励，能够促使孩子向着积极的方面思考问题、看待问题。

考前不紧张，发挥才超常

每次考试，班上总有那么几个平时成绩挺好，却常常因为过分紧张而发挥失利的学生。面对这样的学生，我一直挺为他们感到着急的，如果不能调适好自己的状态，克服这种过度紧张的情绪，那么在往后重要的考试中，他们显然注定要"吃亏"。

孩子容易在考试前产生过度紧张的情绪，一方面可能是自身性格就比较敏感，容易紧张；而另一方面，则往往都是被家长所"影响"而造成的。比如我以前教过的一个学生，他本身就是个性格比较内向害羞的孩子，非常容易感到紧张。他的父母知道他存在这个问题，每次临近考试，就想方设法地试图帮助他缓解这种过度紧张的情绪，有几次甚至还为他请了心理医生。但没想到，父母越是重视这件事，他的考前紧张就越是严重，后来有一次，他甚至因为过度紧张而昏倒在了考场里。

其实，很多时候，孩子之所以对某件事情感到紧张，很大一部分原因是来自父母的态度。通常在临近考试的时候，很多家长为了让孩子能够无后顾之忧地复习备考，常常会不自觉地表现出对孩子的过度关心，比如生怕孩子营养不够，于是一个劲儿地给孩子加餐；生怕孩子饿着冻着，每天都要关怀地问个三五次；生怕孩子复习得不到位，有事没事就"关心"孩子的学习进度……正是父母的种种"反常"表现，让孩子产生了一种心理：考试是件特别了不起的大事，绝对不能有任何失误！

结果，一旦产生这种心理，原本就容易紧张的孩子，心理负担也就更为沉重了，在这样的情况之下，想要轻松应考、照常发挥几乎是不可能的。

所以，在每次开家长会的时候，我都会着重向家长们强调，无论在什么时候，都不要对孩子突然表现得太过"关心"，尤其是在面临比较重大的考试时，父母的过分"紧张"和"关怀"对孩子来说是没有任何好处的，只会让他们产生更大的心理压力，导致复习和考试都难以正常进行。

那么，如果孩子已经对考试产生了负面情绪，我们又该怎样帮助他们排解呢？丁晓楠同学的母亲分享了自己亲身经历的一个事件：

丁晓楠是个性格有些内向的孩子，在班上学习成绩还算不错。有一次期末考试的头天晚上，丁晓楠因为即将到来的考试感到紧张不已，怎么都睡不着觉。丁晓楠的妈妈知道情况之后便来到孩子房间，说要陪他做个小游戏，来缓解缓解睡前的紧张情绪，丁晓楠欣然应允了。

晓楠妈妈拿出了一沓便笺纸和一支笔，对丁晓楠说道："现在，让妈妈来猜猜看，你心里到底担心什么。如果妈妈猜对了，就想办法帮你把这种担心'擦'掉；如果妈妈猜错了，就把它丢掉，说明对你是没有什么影响的。我们现在开始好吗？"

得到丁晓楠的首肯后，晓楠妈妈在便签纸上写了一会儿，然后开始大声念出来。

"考试考得不好，会被爸爸妈妈批评？"

"不会啊，爸爸妈妈没有因为这种事情批评过我，这不是我担心的。"

"同学和老师会因此嘲笑你，看不起你？"

"当然不会，每个人都有考不好的时候，一次考试失利又不能代表全部。"

"街上的陌生人会因为你考试考不好而对你不友善？"

"妈妈你太离谱了，这都什么理由啊，谁会担心这种事情！"

……

后面的理由已经越来越离谱了，等读完最后一张便签纸的时候，丁晓楠已经在床上笑得爬不起来了，原本紧张的情绪也得到了放松，很快就顺利进入了梦乡。

晓楠妈妈的做法确实非常聪明，在考试之前，孩子的神经往往会绷得比较紧，这种时候，你越是和他讲道理，就越可能会加重他的紧张情绪，倒不如想办法让他乐一乐，用这样的方式来帮助他排解情绪，放松心情。紧张感消除之后，内心的"包袱"自然也就放下了。

Chapter

读书求学，最怕的就是没有长劲

　　求学的大道上荆棘丛生，很多人都因半途而废，最终一无所获。

　　学习，最忌三天打鱼两天晒网，持之以恒，方能学业有成。在寻求真理的长河中，唯有学习，不断地学习，勤奋地学习，有创造性地学习，才能越崇山跨峻岭。孩子通过孜孜不倦的学习，不断充实自己，才有能力到达更远的地方，才能看到更美的风景。

求学无难事，只要肯坚持

寒假期间，侄女豆豆被送到我家里来补课。

豆豆今年上五年级，语文和英语成绩都非常好，唯独数学，怎么学都学不好，每次考试的综合排名都被数学"拖累"得只能挣扎在中间水平。豆豆父母给她请过家教，也把她送去过校外的补习班，但效果却始终不好。豆豆总说，自己学不了数学，看到数字就头疼，根本没法子学好这科目。虽然豆豆自己已经对数学失去了信心，但豆豆的父母却没有放弃希望。于是，在父母的"强制"之下，豆豆只得在寒假期间每天早上不情不愿地抱着数学课本到我家里接受"摧残"。

在与豆豆接触的过程中，我发现她对数学这一科目的抵触已经超乎了我的想象，很多知识点甚至都还没开始讲，她就已经先失去信心，开始打"退堂鼓"了。课都还没开始上，我就已经从她口中听到四五次诸如"太难了""根本学不会""我根本不可能学会"这一类的话语。

看来，在数学学习方面，豆豆最大的问题不是基础薄弱，而是信心缺失啊。如果一开始就抱定消极的态度，认为数学实在太难，自己根本没可能学好，那么就算请再好的老师来给她讲课都是没用的。想要让豆豆的数学成绩有起色，就必须要改变她对数学这一科目的学习态度。

豆豆第二次到我这里上课时，我拿出整理好的一沓纸放在她面前，告诉她说："这里是我整理出来的100道经典数学题，你只要把这100道题都做完，数学成绩一定会有所改善的。"

听到我的话，豆豆脸色一变，随即哀嚎道："叔叔别开玩笑了！100道题，打死我都做不完！而且你看看这些题的题目，每个都那么长，我连题目都读不懂，怎么做题啊……你直接告诉我爸妈，我真没有半点数学天赋，让他们不要苦苦挣扎啦！"

看着豆豆"痛不欲生"的表情，我笑了笑把那沓题收了回来，佯装思考了一阵之后告诉她说："得了，我看也是，你要真能把这些题都给做会了，数学也不会差成这样。反正你爸妈都把你送我这里来了，我也不能什么都不做。这样吧，你就每天来我这里意思意思做两三道简单的题，把这个寒假熬过去，就当给你爸妈一个交代，怎么样？"

这一百道题变成两三道题，这笔买卖怎么想都划算，豆豆立马点头答应了。大约是觉得我这个叔叔特别"善解人意"，所以接下来的时间里豆豆也都非常配合。我也并没有食言，只挑了三道特别简单的基础题来让豆豆作答，顺便帮她复习了一下题目所涉及的几个知识点，整个过程不到半小时就结束了。当我宣布今天的课程到此为止的时候，豆豆简直要欢呼雀跃起来。

之后，我每天依然都只让豆豆做两三道题，也只讲解这几道题所涉及的知识点，由于任务少，难度低，豆豆对来我这里补习数学也没有那么抵触了。在这个过程中，我渐渐增加了所选题目的难度，我帮豆豆补课的时间也从最初的不到半小时发展到有时可能会持续一个小时左右。虽然豆豆偶尔也会有些怨言，但总体来说还是比较配合的，毕竟每天我布置给她的习题都没有超过五个，这算是相当轻松的任务了。

寒假快要结束了，在给豆豆上最后一堂课的时候，我给她发了一张随堂测验的试卷，打算以此来检测她一整个寒假的学习成果。看着眼前的试卷，豆豆惊呼道："叔叔，你开玩笑吧？之前不是说好了嘛，就糊弄一下我爸妈，现在都最后一堂课了，怎么还要做试卷啊？！反正肯定还是不及格……"

我笑眯眯地看着豆豆说道："我第一天给你补课的时候跟你说过，你只要把我挑出来的那一百道数学题做会了，成绩肯定能提高，还记得吗？"

豆豆满脸疑惑地点了点头："记得啊，后来不是没做吗……"

我从桌子上拿起一沓被钉在一起的纸递给豆豆："你这个月不都是在做这些题吗？你自己好好看看，这些就是你'根本不可能做完'的那一百道数学题啊。"

豆豆一愣，一把抓过那沓纸翻来覆去看了半天，惊诧地说道："原来这个寒假我做了这么多题啊……叔叔你这是诳骗我哪？！"

"叔叔是想告诉你，学习数学不像你想象的那么难。或者说，无论学习什么，其实都不难，真正难的是坚持学习下去。这些题目你看上去觉得很多很难，觉得自己根本不可能学会，也不可能做完。但实际上呢，把它们拆分开来，变成一个个的知识点，你每天所需要完成的学习任务其实是非常轻松的。很多时候你之所以感觉学习这个科目太难，任务太重，是因为你没有从一开始就坚持做好每一个阶段的学习，以至于把所有东西都堆积在一起了。不过没有关系，虽然你比别人落下了很多，但只要能从现在开始坚持学习，把之前落下的知识点一点一点补上，你会发现你其实能比你想象中学得更好。"

后来那张数学测试卷豆豆拿到了75分，不是一个特别高的分数，但对于连及格都很困难的豆豆来说却真的是惊人的进步。

短暂的激情，撑不起美丽的梦想

有一段时间，我发现班上的罗翔同学在英语学习方面突然变得十分刻苦用功，每天早上都会早早来到学校，在空无一人的教室里大声朗读英语单词，甚至就连在课间，也常常捧着一本中英对照的儿童读物在阅读。正当我甚感欣慰，准备找个机会表扬表扬他的时候，他却突然转了性子，早晨也不在教室读英语了，改到球场上打篮球去了。不过他对篮球的兴趣也就只持续了半个月不到，半个月后，球场上也再难看到他的身影。现在，罗翔似乎又迷上了摄影，课间总能见着他摆弄一台卡片照相机……

经过一段时间的观察之后，我发现罗翔无论做什么事情似乎都只有"三分钟热度"，心血来潮的时候，可以全情投入，恨不得时时刻刻都去钻研自己感兴趣的那件事，但这种兴趣和专注力却往往十分短暂，持续不了多长时间也就烟消云散了。就连在学习方面也是如此，正因为这样，罗翔在班里的成绩始终不上不下，没有什么进步。

像罗翔这样容易"心血来潮"的人不在少数：今天看到别人弹钢琴觉得特别

厉害，于是马上燃起对钢琴的热情；明天听到别人唱歌十分好听，于是放弃钢琴马上转向唱歌；后天开完学习动员大会，立马决定做学霸，停止一切课外活动，全心投入学习……最终，三心二意的结果就是，忙乱了一阵，努力了一阵，投入了一阵，却什么成果都没有收获。

其实每个人都很清楚，无论学什么，做什么，想要有成绩，就必须付出足够多的时间和精力，但为什么道理大家都懂，却依然总是明知故犯呢？对于这种普遍现象，心理学家用"奖励与惩罚"的理论进行了解释：人们总是倾向于追逐短期效益的"奖励"，而忽略了潜在危害的"惩罚"。

简单来说，我们对某件事情产生兴趣，往往是从好奇开始的。好奇让人们对某件事情产生热情，而当人们开始着手去做这件事情的时候，最初因好奇而产生的激情便会开始释放，等到激情释放完毕之后，人们对眼下所做的这件事自然也就不会再这么狂热。这个时候，如果再产生新的刺激点，那么很可能会让人立即半途而废，投入到对新事物的追寻中。心血来潮的"三分钟热度"就是这样形成的。

此外，三分钟热度的形成往往也与人们害怕承担失败的心理有关。比如在我和罗翔就他做事常常半途而废这件事进行谈话时，他对于自己的行为就是这么解释的，他说："老师，我不是不能坚持，我是通过广泛涉猎来查探自己的天赋。之前我听了一个英语学习的讲座，我觉得受益匪浅，所以就打算好好学学英语，但是后来吧，我学了一段时间之后，发现自己可能没有学习英语的天赋，倒是运动可能更适合我，所以我就去和他们打篮球了。不过后来我又发现，我个子太矮，我爸我妈也都不高，估计打篮球这条路也行不通。然后我就发现摄影……"

罗翔的"理由"透露出了一个非常重要的讯息：害怕失败。不管是学习英语还是打篮球，或者摄影，当罗翔对这些事情产生兴趣并付诸实践之后，却发现这些事情似乎都不像他想象得那样容易，于是为了避免将来可能到来的失败，他干脆就直接放弃了，以便全身而退，然后又继续去寻找有可能会让他随随便便就获得成功的新事物。

但我们都知道，在这个世界上，没有谁是可以随随便便就获得成功的。学习本身就是一件辛苦而乏味的事情，无论你对一件事情有多少兴趣，想要在这件事情上学有所成，都不可避免需要忍受一段辛苦而乏味的学习过程，周而复始地去做那些单调的训练。没有谁可以跳过这个过程，直接走向最终的辉煌。

如果一个人不管做什么事都只是心血来潮，释放完激情之后就不能继续坚持，那么每件事都将半途而废，最终的结果就是一事无成，这种人就是我们所说的那种"常立志，无长志"的人，这样的人无论在哪个领域都是无法取得成功的。在学习方面更是如此，成绩的提升需要长久的坚持，如果总是抱着一蹴而就的渴望，那么是永远也不可能取得好成绩的。

定下长远目标，分阶段努力

　　无论做任何事情，取得成功的前提就是坚持不懈，在学习方面更是如此，想要取得好成绩，就必须坚持不懈地付出努力，忍受单调而艰苦的学习过程。虽然我一直这么告诫我的学生们，但真正要做到这一点却不是件容易的事。

　　许多家长都问过我一个问题：如何才能让孩子不断地坚持下去？

　　这个问题的确非常值得深思，很多时候，道理其实我们都懂，但在诱惑面前，如果没有坚定的信念和坚强的意志，哪怕再明白道理，大概也是难以真正做到坚持的。根据多年的教学经验，我给大家的一个建议就是：眼光要远，目标得近。

　　先说眼光要远。

　　人都有趋利避害的本性，当一个人甘愿忍受痛苦投身于某件艰难的事情时，说明这件事情必定能够给这个人带来具有足够吸引力的好处。换言之，当你眼前有两个选择，一个是开开心心地放松玩耍，另一个是刻苦努力地背书做练习时，前者这个选项比后者要更具吸引得多。那么，如何才能让人心甘情愿地选择后者，拒绝前者的诱惑呢？很显然，促使学生选择后者的原因绝对不可能是"刻苦努力"的学习过程，而是通过刻苦努力的学习所能给他们带来的好处。

我们知道，努力学习不可能产生立竿见影的成效，这是一个持久而漫长的过程。而放松玩耍则不同，只要一投入，立刻就能收获成果——开心和喜悦。如果学生在做出选择的时候，眼睛只会盯着眼前的好处，那么毫无疑问，必然会选择能够立刻给他们带来开心和喜悦的选项。所以说，想要让孩子在学习的道路上坚持不懈，家长就得引导孩子，让他们学会把目光放长远，懂得去看付出漫长的努力和艰辛之后所能获得的成就和乐趣。

那么，目标又为什么得近呢？

先给大家讲个故事：1984年的时候，在东京国际马拉松邀请赛中，获得世界冠军的是一位名不见经传的日本选手山田本一。当时，很多人都觉得，这个日本人能获得冠军，大概是偶然的好运气。但两年之后，在意大利国际马拉松邀请赛上，这位日本选手山田本一却又一次地获得了世界冠军，让人们震惊不已，这接连两次的冠军，怎么都不可能是偶然了吧！

后来，这位马拉松选手在自传中揭示了自己两次夺冠的"秘诀"，他这么说道："在每次比赛之前，我都会乘车把比赛的路线都看一遍，然后记下沿途较为醒目的标志……等比赛开始之后，我就奋力向着我记下的第一个标志，也就是我的目标冲去。等到达第一个目标之后，我又再一次向第二个目标冲去——就这样，我向着一个个小目标前进，最终完成了这场漫长的马拉松。在以前，我不明白这个道理，总是将目标定在40公里以外的终点处，结果每每跑完十几公里我就已经感觉疲惫不堪了。而吓倒我的正是前方那段遥远的路程啊。"

马拉松与其他普通的田径比赛不同，是一场注重体力和耐力的运动，爆发力和速度都还在其次，这和学生的学习过程其实非常相似。

很多学生在学习中常常感受到挫败，甚至因此而失去对学习的信心，最重要的一个原因就是他们把自己的学习目标定得太高、太远了，就像起初一直盯着马拉松终点线的这位日本选手一样。

把目标定得近一些，最直接的好处就在于能够减少学习过程中的挫败感，并且让学生能够源源不断地获得实现目标的成就感，以此来作为不断向前的动力。试想一下，如果学生给自己定下的目标是背1000个单词，那么在背诵的过程中，他们可能会一直计算，还差多少个单词才能达成目标。久而久之，要是始终都达不成目标，他们可能就会对自己感到失望，从而失去学习英语的信心。但假如我们将这一大目标进行分解，变成"每天背诵20个单词"，那么每天学生都能通过完成这个小目标来获得成就感，从而增添学习英语的自信和动力。

所以说，在学习上，想要激励孩子不断坚持，不断努力，家长一定要记得，眼光不要太短浅，目标不能太高远。

巧妙激励，时不时给孩子打打气

有一次到一位朋友家做客的时候，我发现他上六年级的儿子有个非常有趣的举动：过会儿就会从自己房间跑出来，穿过客厅进到书房，一两分钟以后又从书房急匆匆返回房间。我对他的举动感到很好奇，终于在他又一次穿越客厅跑到书房的时候，我跟在他后面也进了书房。只见朋友的儿子站在大大的书柜面前，抬头定定地盯着摆在书柜架子上的一排汽车模型，看了一会儿之后，深深吸了一口气，又回了自己房间。

见我一副很感兴趣的样子，朋友这才向我解释道，原来这是他儿子自己新发明的"自我激励法"。

原来朋友的儿子今年已经上六年级了，成绩虽然还不错，但想要考上他理想中的初中，并不是那么有把握。于是，为了激励自己进行最后的拼搏，朋友的儿子想出了一个办法：把自己最喜欢的一套汽车模型拿出来，交给爸爸妈妈保管，自己则立下"军令状"，如果不能按照自己定下的学习计划学习，爸爸妈妈就能任意处理他的一个汽车模型。相应的，每当达成一个定下的目标，他就能收回一个模型。

朋友表示，他儿子一向比较贪玩，这一回真是对自己下了狠手了，不过这也要得力于妻子的"鼎力相助"。据说上一次，因为一时动摇，他儿子悄悄违反了自己定下的"禁令"，在本该背英语单词的时间跑出去和朋友打游戏了，结果被提前下班回家的妻子撞个正着，妻子二话不说，直接打开书柜拿了一个汽车模型出来，不顾儿子的苦苦哀嚎，当着他的面直接丢进了小区花园的池塘里。为那事，儿子足足有三天没和他们说话，但军令状是自己签下的，心情平复之后，也只能把苦水往自己肚里咽了。现在，他儿子只要学习的心思一动摇，就会跑到书房去盯着那排汽车模型看一会儿。有时候一天能跑几十次，但不得不说，他儿子的成绩确实有了相当明显的进步，只要能保持下去，估计考上理想的学校没有什么问题。

朋友儿子的"自我激励法"让我觉得相当有意思。当我们在做一件非常漫长的事情时，中途往往会产生许多次动摇，这都是非常正常的事情。很多时候，我们甚至都可能会因一时的软弱或懒惰而对外界的诱惑妥协，但每次妥协过后，随之而来的，往往是深重的后悔和愧疚。

人的意志力通常是呈波浪形发展的，当意志力达到顶峰的时候，我们往往可以果断地拒绝一切诱惑，向着既定目标坚定不移地走去。但当意志力下滑到低谷的时候，即便理智不停地告诫我们，我们也可能因为一时的软弱而犯下错误。在这种时候，如果能出现一个助力来帮助我们稳定住自己的内心和意志，那么无疑对我们走向成功是有巨大帮助的。而朋友儿子的"自我激励法"实际上正是为意志力买下的一重"保险"，在意志力薄弱的危险时期，这个"保险"能够为我们提供一个新的助力，来作为意志力的一种补充。

当然，想要用这种方式来达成自我激励，有几个条件是必须满足的：

首先，你得拥有一些对孩子有足够吸引力的"犒赏"，能让孩子为了它抵御一切诱惑，就像朋友儿子钟爱的汽车模型一样；

其次，你得让孩子拥有一个非常非常渴望实现的目标，渴望到有足够的动力用这种方式来逼迫自己；

最后，你还得成为一个"心狠手辣"的执行监督人，在孩子犯错时能够毫不犹豫地执行惩罚，就像朋友的妻子。若是当时这位母亲因为心疼儿子而愿意再给他一次机会，那么我想这个约定的震慑力恐怕得大打折扣了。

一时倦怠，小心一辈子无奈

跑过长跑的人都知道，在跑步过程中，在某个阶段，你会感觉特别特别累，累到已经无法继续坚持了。这个时候如果你停下来休息，那么想再继续跑就比较困难了；但如果你咬牙坚持，过了这个阶段以后，则会奇迹般地感觉到一阵轻松，甚至你能感觉到身体涌现出了一股新的力量，支持着你继续往前跑下去。

学习其实也是如此，在学习的过程中，越是接近终点的时候，人就越是容易松懈下来，这种时候，如果学生觉得自己反正已经完成了很多事情，休息一下也无妨，那么这一休息，很可能就让学生从此与终点失之交臂了。但如果学生能咬牙坚持过这黎明前最后的"黑暗时期"，那么必定能迎来最灿烂的曙光。

我以前教过一名学生，名叫罗颂，他是个非常聪明的男生，但却有个毛病：特别懒惰，尤其不爱做作业。老师们对罗颂绝对称得上是"又爱又恨"，他头脑非常灵活，学东西非常快，给他上课绝对是件非常轻松的事情，这正是老师们"爱"他的原因；但同时，他又是个严重的问题学生，总是不按时交作业，不管你怎么教育他，惩戒他，他这毛病却始终也改不了。

有一次发生了一件特别令人惊讶的事情，新学期才刚开学一个多月，罗颂就心血来潮地把搭配课本的数学习题册做了大半本，按照罗颂的说法就是："与其每天都逼着我做作业，不如我先一次性累累，把它都给做了，这样以后很长一段时间我都不需要再做这个题啦！"

由于罗颂那段时间成了班上做作业进度最快的学生，所以在之后的几次自习课上，我就把管理教室秩序的任务暂时交给了罗颂。一方面，他既然已经提前完成了本该在自习课上完成的任务，与其指望他能乖乖坐在教室不打扰别人，还不如找点事情给他做做；另一方面，把管理纪律的大权交给罗颂，实际上也是希望能让他学会自我管理。

结果，在学期即将完结之前，又一件令人惊讶的事情发生了：按照课堂学习进度，数学习题册应该已经全部完成，当我让学生们把完成的习题册交上来时，全班只有唯一的一名学生没有做完，这个人就是作业进度一直遥遥领先的罗颂。

据罗颂自己"交代"，当时一鼓作气做了大半本数学习题册之后，感觉这个事情实在太简单了，本想直接写完，但为了看已经开始的电视节目，就把剩下的部分暂时搁置了。之后由于自己一直遥遥领先，所以也没想过要去赶，总觉得剩下的部分不多，很快就能写完……结果，一拖就拖到了现在。

如今，罗颂早已经不再是我的学生了，我和他也早已失去了联系，但每次想到这个聪明却不肯用功的孩子，我就总会想起《龟兔赛跑》中那只跑得飞快的兔子，如果它能一鼓作气地冲向终点，如果它没有那片刻的松懈，又怎么会一世都成为故事中被乌龟牢牢"压制"的兔子呢？

很多时候，当我们无法坚持下去，感到疲惫不堪的时候，心中总会涌现出一个声音：休息片刻吧，没关系的，只休息一会儿，不会耽误任何事。然而，若你当真听从这个声音的召唤，从你一直坚守的地方退却，那么你将会发现，本以为只是一时的松懈，却可能让你搭上这一世的努力和荣耀。

古人说："一鼓作气，再而衰，三而竭。"不仅在战争中是如此，在做任何事情时也都是这样。当我们萌生出想要做某件事情的决心时，那时候的决心往往是最坚定的，人也是最有冲劲的。但如果错过了那个时候，哪怕只是片刻的松懈，这种决心和冲劲也会大打折扣。

所以，在学习中，我希望每位家长都能帮助孩子把规矩立起来，别让孩子为了那片刻的放松，截断了通往胜利的道路。

咬咬牙，跨过"学习高原期"

　　一天下午放学，在巡查学校的时候，我突然听到教学楼北边的小花园假山后传来一阵抽泣声，绕过去一看，竟然是我班上的学生龙燕正抱着书包，蹲坐在假山后头哭得伤心。

　　早已经过了放学时间，按理说这个时候学生已经不被允许继续留在学校了，但看龙燕哭得伤心，我也不放心这个时候让她自己回家，于是就把她叫到了办公室，同时也是想了解一下她究竟有什么烦恼。

　　龙燕的情况我还是比较了解的，她是单亲家庭的孩子，父亲很早就因病过世了，母亲因为工作忙，平时很晚才会到家。或许正因为有这样的家庭状况，所以龙燕要比其他孩子早熟得多，也懂事得多。

　　在办公室坐了一阵之后，龙燕的情绪才渐渐平复下来，这才开始向我倾吐她的烦恼：

"老师，我们年级大概一共有800多人，上学期期末，我考到了年级36名，成绩不算顶好，可也不坏吧。整个假期我也都没有放松，一直在好好学习，可是这学期开学以后，接连几次小测验我的成绩都不好，不仅没有前进，反而还下滑了好几名。看着其他同学都在进步，我却一直在退步，我不知道该怎么办，心里真的特别难受。要是妈妈知道的话，一定会觉得很伤心的。

"老师，我为什么这么没用？我已经很努力了，可是就是感觉什么都学不好，我真的不知道该怎么办了……

"我常常听叔叔婶婶他们说，小学的时候女生成绩都比较好，但是等上了初中以后，男生的优势就显露出来了，女生就比不过男生了。现在我还没上初中，就感觉自己的成绩已经开始下滑了，那等以后上了初中，岂不是更学不好了吗？

"我这段时间特别烦恼，学习状态也一直都不好，总是走神，有时候甚至觉得一点书都看不进去。我真的不知道该怎么办了，老师……"

其实，龙燕的状态很多学生都曾经历过，这是学习过程中十分常见的一个状态。从心理学角度来说，我们在学习新知识和新技能的过程中，能力水平的发展并不是一条上升的直线，通常会经历以下四个不同的阶段：

第一阶段：在开始学习之初，由于接触到的是全然没有了解的新事物，并且需要适应新的规律和方法，因此往往在学习时会较为困难，能力水平的提高也相应比较慢一些；

第二阶段：在初步对新知识和新技能有一定的了解和掌握后，我们通常会进入到一个迅速提高的阶段，在这一阶段，我们会明显感觉自己似乎已经抓住了学习的"窍门"，兴趣也随之而提高，能力水平发展比较迅速；

第三阶段：在掌握了一定的知识，具备一定的能力之后，我们便进入了学习的"高原阶段"，在这个阶段，我们开始接触到该项知识或技能较为困难的部分，加之前两个阶段的"消耗"，精神和心理都会产生一些倦怠，因此进步速度会逐渐放缓，甚至可能出现整体停滞或下降的情况；

第四阶段：经过坚持不懈的努力克服学习"高原期"之后，我们才算真正掌握了这门知识或技能的规律和技巧，此时学习能力又会开始逐步提升，能力水平也将达到一个新的高度。

很显然，龙燕此时的状态正是处于学习的"高原期"。很多学生对此并不了解，因此在陷入这种情形之后，往往情绪都会起伏不定，心中既纳闷又焦急，在这种不良情绪的影响下，就更难集中精力进行学习了。

不少学生因为不清楚缘由，在付出努力却得不到收获之后选择了放弃，让之前的努力全都功亏一篑。甚至还有些意志比较薄弱的学生，因陷入沮丧和懊恼中而产生了厌学情绪，对之后的成长和进步都造成严重影响。

其实，学习"高原期"是每个人都会经历的一个阶段，只要摆正心态，对症下药，每个人都能越过这道障碍，取得新的好成绩。那么如何才能对症下药，跨越学习"高原期"呢？我给了龙燕两个建议：

第一，在学习方面，根据自身的学习能力和进度对原本的学习模式和方法加以改进。通常来说，在学习新的知识或技能之初，往往都是偏重于记忆的，但在进入高原期之后，需要记忆的东西基本上已经掌握了，因此这一阶段的重点将会由记忆转为理解和探索。

第二，加强知识基础的积累。很多学生之所以难以突破学习"高原期"的屏障，很大一个原因是个人知识基础较为薄弱。因此，在这种时候，想要冲破屏障，取得新的进步，最好的方法就是回过头，将薄弱的基础补充牢靠，有了坚实的"地基"，才能承载知识的高塔。

如果你的孩子也遭遇了学习上的"瓶颈"，那么希望各位家长也能够耐心地给予指导和帮助，而不是用指责来增加孩子的心理负担。

以强力动机点燃持续的学习激情

有一段时间，女儿的学习状态非常好，每天放学回家后，不需要提醒便自己积极主动地进书房写作业，在完成学校布置的任务之后，又主动给自己制订了复习和预习的计划，每天都一丝不苟地去执行。有时候就连电视里正在播放她最喜爱的动画片，也不能让她有丝毫动摇……

一位到我家做客的朋友看到女儿如此爱学习，羡慕得不行，私底下一直拉着我问所谓的"教育秘籍"，非得回去也给他们家孩子"上上课"。可要说这"秘籍"，倒也不是没有，但归根结底其实就一句话："让孩子拥有一个强有力的学习动机。"

一直以来，为了让孩子能够好好学习，家长们可谓绞尽脑汁，有的开启"利诱"模式，让孩子用成绩来换好处；有的则开启"高压"模式，用权威来逼迫孩子就范；还有的更是双管齐下，威逼利诱，无所不用其极。但无论如何，这种"牛不喝水强按头"的教育方式显然收效并不高，不管是从家长的角度还是从孩子的角度来说，这种教育方式都无法达到各自心中的理想效果。

　　我们去做一件事情，必然都是带有某种目的和动机的，比如上班，可能是为了赚钱，也可能是为了实现职业理想。因为有目的和动机，所以在做这些事情的过程中，哪怕遇到不如意的事情，或者难以逾越的困难，我们依然会想方设法，勇往直前地去突破。同样的，要让孩子主动去学习，最好的方法无疑就是给他们一个理由，一个动机，一个通过学习才能达到的目标。

　　以我女儿为例，虽然一直以来，她的学习习惯还算不错，但难免也会有"开小差"的时候，毕竟是小孩子，天性活泼好动，不免有些贪玩。而那段时间，女儿之所以能够抵挡一切外界的诱惑，一心一意、自觉主动地投入学习之中，很大一部分原因是我给了她一个承诺：只要能完成学习任务，并且在期末考试时门门科目达到95分以上，我就让她在暑期时参加我一位朋友组织的"少儿埃及文化研究夏令营"。

　　之前我也提到过，女儿对埃及文化十分着迷，尤其对木乃伊、金字塔等东西非常感兴趣。因此，这个夏令营活动对她来说有着超凡的吸引力，也正因为有这个强烈的动机，所以在那一段时间里，她的学习状态才会好得惊人。

　　有人可能会反驳：

　　我也曾经答应过孩子考试考得好带他去游乐园，为什么不管用？

　　我也跟孩子说考第一名就给他买一直想要的电脑，为什么他依然不好好读书？

　　我也承诺只要这回考试考得好，就答应让他不上补习班，那为什么没考好啊？

　　……

　　这就要从"学习动机"说起了。

　　首先，学习动机对孩子行为的影响和作用绝对是毋庸置疑的。在生活中，能够对孩子造成诱惑的事情实在太多了，比如和小朋友玩耍、看动画片、打电子游戏、捣鼓小玩具……与学习相比，这些事情显然都要更有趣得多，也更能满足孩子的猎奇心理。

简单来说，在学习与玩乐之间，孩子之所以选择玩乐，只是因为对于孩子来说，通过玩乐所获得的感受和体验，要比学习有趣得多。那么换言之，假如学习能够带给孩子更具吸引力的东西，那么显然，孩子必然会为了获得这个东西而自愿放弃玩乐去选择学习。这个所谓的"更具吸引力的东西"，也就是我们所说的"学习动机"。

其次，学习动机也是有强弱之分的，每当学习与玩乐之间发生碰撞的时候，孩子都会在学习动机和玩乐所能带来的感受及体验之间做出一番权衡，看心灵的天平到底偏向哪边。很多家长都遇到过类似的情况：用一些好处来激励孩子学习，通常都能达到立竿见影的效果，但这种效果的持续时间往往却不是很长。这其实就是"学习动机"输给玩乐体验的结果。

通过孩子的学习表现和努力程度，家长实际上是可以判断出此刻学习动机对于孩子吸引力的强弱的，当发现孩子的学习动机有减弱的趋势时，可以对孩子进行适当的引导，或想办法加强学习动机的吸引力，以此来确保孩子心中的天平不要随便动摇。

最后，在引导孩子培养学习动机的时候，要充分考虑到孩子的兴趣爱好，孩子的学习动机越是强烈，就会越热爱学习，在学习中抵御外界诱惑的意志力也就会越坚定。

请对"成功"如饥似渴

高婷是我一个亲戚家的女儿，今年刚上六年级，这小姑娘什么都好，就是不爱学习，她父母想尽了办法也没能调动起她对学习的热情和积极性。

有一年，所有亲戚都凑在一块儿给老太太办八十大寿，另一个亲戚在美国留学的女儿秦爽也回来了。在老太太寿宴上，秦爽给大家讲了许多在美国的见闻，还用流利的英语给老太太唱了首歌祝寿，所有人都对她赞不绝口。整个过程中，高婷的目光一直都没离开这个初次见面的表姐，看得出她非常喜欢并且崇拜秦爽。

在寿宴快要结束的时候，大家已经开始纷纷寒暄告别，高婷突然大声对秦爽说道："表姐，你初中是在××中念的吧？到时候我也去那里念书，然后和你一样，考大学出国。"

××中是我们当地非常有名的重点中学，每年小升初都有不少人挤破了头地想把自家孩子送进去。听到高婷的"豪言壮语"，高婷的父亲笑着调侃她道："我没听错吧？就你这成绩，跟你表姐比？差远了！你爸我可找不着人把你塞进××中去啊。"

听到这话，高婷"哼"了一声，高声说道："那是我以前没好好学，你就拭目以待吧！"

对于高婷的话，大家都没放在心上，只当是小孩子一时的心血来潮。但令人意外的是，自从那天之后，高婷还真就像变了一个人似的，回家以后不仅会主动看书做作业，甚至连周末去逛书店，买回来的也都是参考书和辅导书。听亲戚说，她还在自己卧室的墙上贴了一张××中的招生海报，一副势必要考进去的样子！

以前，高婷的父母想尽了办法，软硬兼施也没能让女儿把心思放在学习上，可谁能想到，就在高婷的父母都已经打定主意让女儿顺其自然发展的时候，高婷却突然有了如此惊人的转变，而这一切正是从在老太太寿宴上与优秀的秦爽相遇开始的。正如成功的理论教育所说的："学生的学习动力，首先来自对成功的期望及由这种期望产生的激励力量，成功期望是一种潜在的动力。"

每次面临大考之前，学校都会为学生举办"动员大会"，实际上就是在想方设法地激发学生对成功的渴望，当他们心中涌现出强烈的"成功期望"时，自然不需要家长或老师再从旁监督、催促，自己也能奋发图强地为了实现这种期望而刻苦学习。

人生就像一片汪洋，每个人都如同海上的一艘航船，没有目的的航船总在心血来潮和随波逐流之间消耗生命，而只有那些有着明确目的的航船，能够在既定的航线上不断前行，不被外界的风浪所干扰。对于这些航船来说，成功抵达目的地就是他们的强烈"成功期望"。孩子其实也一样，如果家长只是期望能培养出一个自觉学习、刻苦用功的学生，却不曾给他们一个能够调动激情和梦想的"成功期望"的话，那么到了一定阶段，遭遇到一定的困难之后，孩子很可能会就此停下前行的脚步，很难学有所长。

所以，每一次的班会和家长会上，我都会一再向大家强调树立目标的重要性，只有先树立起一个目标，我们才能朝着既定的方向不断前进，也只有先树立一个目标，我们才能有的放矢地激发出内心强烈的"成功期望"，为自己的前进之路提供强大的动力。

在制定目标的时候，有两个问题是需要注意的：

第一，目标不能脱离实际情况。

目标远大固然是好事，但假如这个目标与你的实际情况不符，无论你付出多少努力都无法达到，那么久而久之，目标非但不能为你提供助力，反而可能带给你无限的挫败，让你失去自信，甚至最终自暴自弃。所以，在树立目标的时候，除了考虑心中的理想、爱好等，还得了解自身的实力。

第二，注意发挥目标的方向性作用。

每个人大约都有过这样的体会：小的时候看了太空遨游的纪录片，内心开始憧憬要当一名宇航员；等看了有关医疗方面的故事，内心又开始憧憬想要成为一名医生；等坐了飞机，可能又想当一名飞机师……对于年纪尚幼的孩子来说，这是很正常的情况，在还未形成自己独立的世界观和价值观时，孩子对自己内心真正的渴望未必了解，此时的理想也未必就会长久地持续下去。

所以，如果孩子尚未有明确的长远目标，那么家长在引导帮助他们的时候，一定要注意，不要把范围限定得太狭窄。目标的范围越广，就越利于孩子今后的学习，而且也更利于孩子以后在步入社会之后的职业选择。

状元支招：学习笔记每天都要记

　　林瑾是我们学校上一届的"小升初状元"，前一阵校庆的时候，学校特意安排她回到学校和六年级的学生开展了一场学习方法交流活动。虽然我所带的班级是低年级，没有参加这场交流活动，但因为需要帮忙布置会场和维持秩序，下午没课的我被学校抽调去了那边帮忙。

　　在交流会上，林瑾提到了自己保持优秀成绩最重要的学习秘籍：坚持做好笔记。

　　除了常规的上课笔记之外，林瑾又另外拿出了自己的两个笔记本，分别是难题笔记和错题笔记，并让大家传看了这两个笔记本。

　　林瑾的笔记确实记得非常不错，条理很清晰。虽然之前我也一直对班上的学生强调过做好笔记的事情，但从这一次的交流会中，我也有了不少新的更完善的想法。交流会结束之后，我向林瑾借了她带来的以前做的这些笔记，并在那周的班会上和班级同学进行了分享。

　　现在，我们就一起来看看，林瑾的"状元秘籍"中所提到的两个笔记：

第一，难题笔记。

很多学生都听过这样一句话："做题百遍其义自见。"做题确实是掌握知识点、提升成绩最有效的方法之一，但我也向大家多次强调过一点，做题光追求数量是不行的。做题的目的是为了能够更好地把握知识点，训练自己的解题思维，而不仅仅只是把题目做完就完了。如果不懂得思考、分析，找出相同类型题目的解题技巧，那么做再多的题也是没有用处的。针对这种情况，难题笔记无疑是我们必不可少的辅助工具之一。

难题笔记怎么记呢？

首先，准备一本专用的笔记本，然后将课堂上的例题，以及在平时作业或考试中遇到的难题等都记录下来，并在每道题目旁边注明这道题的难点在什么地方，然后将解题思路和解题方法也都写下，如果可以，最好能把与这一题目相关联的"变形题"的类型也列出来，这样一来，从一道题我们就能掌握一类题，甚至是数类与之相关的题型。

此外，为了方便以后复习，在记录时，可以根据不同的知识系统或者题目类型来将这些习题进行归类。这样加以分析理解，不仅能够帮助我们举一反三，同时也能让我们熟悉各类型的难题的解题思路和方式，在以后考试中遇到相似类型的题目时，能够节省不少时间去思考。

第二，错题笔记。

不管是平时的作业练习还是考试，我们或多或少都会出现一些错误，做错题不可怕，可怕的是错了之后不能吸取教训，在往后遇到相同或相似类型的题目时依旧一错再错。为了避免这种情况的发生，错题笔记就显得尤为重要了。

在做错题笔记的时候，有三点是必不可少的：

首先，标示清楚在做这道题的时候，你到底是哪个环节出错了。

其次，找出错误原因，分析当时自己出错的理由。通常来说，解题过程由审题、题目归类及解题等三个环节构成。审题环节出错通常是因为看错或看漏题目中的信息，也可能是忽略了题目中的隐藏条件等；而题目归类出错，则主要是对相关知识点掌握不够牢固，或者没有在脑海中找到与之类型相似的题；解题上出错则通常是技巧问题，或者不够细心等。无论如何，只有找出原因，才能引以为戒，避免下次再犯同样类型的错误。

最后，在标示清楚错误，以及找到错误发生的原因之后，我们要做的，就是找出纠正错误的方法，以及如何在以后避免犯相同错误的注意事项。

如果每个学生都能够在每次做题错误后，对每一道题目都这样进行分析，那么我相信，以后在学习道路上，大家所犯的错误只会越来越少，考试出错的概率也只会越来越小，相应的，成绩必然也会有所提高。

所以，不要认为做难题笔记和做错题笔记是件非常浪费时间又麻烦的事，正所谓"磨刀不误砍柴工"，当你手里握着一把钝刀的时候，哪怕用尽力气，费尽每一分每一秒的时间，你能砍下的木柴也是有限的。但如果你手中握有的是一把锋利的刀，那么你所能收获到的价值必定远远超过你花费掉的磨刀时间的价值。

试后总结，给成绩一个向上的台阶

考试试卷发下之后，我通常都会要求学生拿回家让家长签名，然后在改正错题之后再把试卷连同一份考试小结交上来。而每一次在交上来的试卷中，我都能发现几张皱得惨不忍睹的试卷，有一次更离谱，交上来的试卷中有一张上面满是"补丁"，似乎是被人撕烂之后再用胶带粘起来的。

我很快把试卷的主人褚骁叫到了办公室，询问他究竟怎么回事。褚骁看着自己"千疮百孔"的试卷，脸上浮现出一丝懊恼的神色，闷闷地解释道："对不起老师，卷子发下来，我一看居然没及格，一怒之下就把它给撕了……所以后来又用透明胶带粘了一下。"

听了褚骁的话，我抽出了他随试卷一起交上来的考试小结，上面只有稀稀拉拉的几句话和几个公式，一看就是为了应付了事做的。我指着小结问道："考得不好知道生气，那考试小结怎么还做成这样？"

褚骁有些不以为然地撇撇嘴，但并没有说话。

看着他这副样子，我敲敲桌子说道："怎么？你这是觉得做考试小结没用吗？"

听到我的问话，褚骁嘟囔了一句："试都考完了，做小结有什么用啊……倒还不如把做小结的时间拿去多做几道练习题呢……"

"褚骁，你觉得学校安排那么多场测验、考试，到底有什么用啊？"我一边示意褚骁坐下一边问道。

"折磨我们呗。"褚骁脱口而出，顿了顿又接着补充了一句，"……顺带检测下我们的学习成果吧。"

"考试最重要的目的是检测学生的实力以及一段时间内的学习成果，通过一场场的考试，学生可以发现自己存在的不足，然后予以补正，从而获得提升。"我一边说着，一边把之前几次褚骁交上来的考试小结一张张排开摆在他面前，"所以，一张考试卷上，最有价值的东西不是分数，而是你做错的题。每考一次试，我都会让你们做一个小结，为的就是让你们可以从每一场考试中都找到对自己来说最有价值的东西，通过认真分析得失，总结经验教训，来避免以后再犯相同的错。可是褚骁，你看看你的考试小结，你哪一次用心做了？"

"我也不是没用心……"褚骁小声地辩解道。

"那你告诉我，如果你真的用心做了考试小结，分析过自己在考试中出现的问题，那为什么同样的错误还会一直犯呢？"我指着褚骁数张考试小结里都提到的相同或相似的错误，把问题一一列举出来。

到最后，见褚骁脸上出现了懊恼的神色，我才说道："看到了吗？如果从一开始你就能认真对待这件事情，好好做考试小结，很多错误都是可以避免再犯的。"

那天，我把褚骁留在了办公室，指导他将那一次考试的考试小结从头到尾又做了一遍，为了更好地找准问题，我给了他两点建议：

第一，先分析试卷，找出存在的问题，然后进行分类。

通常来说，我们可以把错题分作三大类：

第一类，粗心大意犯的错——即那些明明会做，却因为没有认真审题或认真计算而导致发生的错误；

第二类，知识掌握不牢靠造成的错——即那些因记忆不准确或理解不透彻而造成的错误，或者因为回答不严密、不完整而被扣分，又或者半会不会，做到一半做不下去之类的题目；

第三类，直接放弃的错——即完全不会，所以是纯粹蒙答案或直接留白没做的题目。

第二，根据所找出的问题制订相应的策略，避免以后重复犯错。

在发现问题，并将问题进行归类之后，我们要做的自然就是解决问题，找出犯错的原因，以避免以后再犯相同的错。

针对第一类问题，即粗心大意犯下的错，最有效的方式当然是提醒自己以后要更加谨慎小心，除了认真审题之外，在得出计算结果之后，最好能进行验算，以确保答案的可靠性。

针对第二类问题，即知识掌握不牢靠造成的错，最有效的方式自然是将错题所涉及的知识点通过复习进一步加强记忆，为了能够全面、深入地把握概念，可以针对这一知识点进行训练。

针对第三类问题，即直接放弃的错，最有效的方法当然是对相关内容的知识重新进行梳理，通过向老师或同学请教，进行第二次的"学习"，多做相似题型的练习，从而弥补知识的薄弱环节，提升综合实力。